CÓMO INICIAR UN CANAL DE YOUTUBE EN 2024

GUÍA PARA PRINCIPIANTES SOBRE CÓMO SER UN
INFLUENCER Y GANAR DINERO EN LÍNEA

EMMA PAYNE

ÍNDICE

Introducción   v

1. Primeros pasos   1
2. Equipo de grabación y configuración   19
3. Consejos para filmar y hacer videos   28
4. Estrategias avanzadas de contenido   38
5. Temática y contenido de tu canal   50
6. Cómo ganar dinero en YouTube   68
7. La contabilidad de YouTube simplificada   84
8. Marketing y publicidad   90
9. Consejos y prácticas   117
10. YouTuber por un día   127
11. Maximizar el impacto con el mínimo esfuerzo   134
12. Conclusión   137

INTRODUCCIÓN

¿Buscas un trabajo que puedas hacer desde casa, donde puedas ser creativo y ganar dinero? ¿O ya tienes un negocio y quieres encontrar nuevas maneras de promocionarlo? ¡Iniciar un canal de YouTube puede ser entonces justo lo que necesitas!

En este libro, te guiaré paso a paso para crear tu propio canal de YouTube, producir tus videos y ganar dinero con ellos. Aprenderás a grabar, editar, subir y promocionar tus contenidos. También compartiré datos y cifras interesantes sobre YouTube a lo largo del libro. Ten en cuenta que este libro fue escrito a principios de 2024, por lo que algunos datos e información pueden haber cambiado desde entonces.

Tener un canal de YouTube puede ser un trabajo en sí mismo o una actividad complementaria a otro empleo. Algunas personas, como los creadores de contenido, ganan mucho dinero haciendo videos a tiempo completo. Además, muchas empresas, tanto grandes como pequeñas, usan YouTube para atraer nuevos clientes.

En mi caso, me inicié en YouTube hace diez años. En ese momento, tenía un negocio desde casa vendiendo libros en Amazon. En aquellos días, no había mucha gente haciéndolo, y Amazon era prácticamente el único lugar para vender libros en línea. Todo parecía ir bien hasta que más personas comenzaron a vender por Internet. Fue entonces cuando mis ventas empezaron a disminuir: había mucha más competencia y vender en Amazon se estaba volviendo más difícil.

Cada vez más personas empezaron a vender libros y a hacer lo mismo que yo, y de repente me vi rodeada de competencia. Algunos incluso vendían libros más baratos y ofrecían envío gratuito, algo que yo no podía permitirme. Sentía que mi negocio estaba en serios problemas. Pero entonces encontré YouTube.

Nunca antes había visto un video en YouTube. Un día, buscaba información en Internet sobre la venta de libros en Amazon, esperando encontrar algo que ayudara a mi negocio, como un libro o un sitio web con buenos consejos. Estaba preocupada por mi negocio y no sabía qué más hacer.

Entonces, ocurrió algo sorprendente. Al revisar los resultados de mi búsqueda, encontré muchos videos de YouTube con títulos como "Las mejores estrategias para vender en Amazon" y "Cómo me gano la vida vendiendo libros en Amazon". Sentí curiosidad, así que hice clic en los enlaces y descubrí un mundo nuevo. Empecé a ver videos en YouTube y mi negocio, que creía perdido, tuvo una nueva oportunidad. Aunque implementar algunas de las nuevas estrategias y herramientas fue difícil, realmente no quería volver a trabajar para otra persona. Así que decidí aprender todo lo que pudiera sobre esta nueva forma de vender.

YouTube salvó mi negocio, y se lo debo a las personas que hacían videos al respecto en aquel entonces. Los creadores de contenido y YouTube no solo levantaron de nuevo mi negocio, sino que también me enseñaron mucho, ¡lo que me llevó a escribir libros como el que estás leyendo ahora! Así fue como empecé mi propio canal de YouTube.

Cuando empecé a ver videos en YouTube, no tenía la intención de crear mi propio canal. En su lugar, dejaba comentarios y charlaba con las personas que hacían los videos. Me hice amiga de algunos y seguimos siéndolo hasta hoy. Era divertido hablar con otras personas que también vendían libros en Amazon. Compartíamos consejos y nos animábamos mutuamente, tanto en los buenos momentos como en los difíciles.

Pero todos me sugerían que yo también debía empezar mi propio canal de YouTube. Me daba mucho miedo hacerlo. No me gustaba hablar en público ni estar frente a una cámara. Además, no tenía idea de cómo empezar un canal de YouTube.

Finalmente, reuní el valor y decidí iniciar mi propio canal. Con algunos consejos de mis amigos de YouTube, aprendí a grabar y subir videos.

¡Mis primeros videos eran realmente malos! Usaba un iPhone viejo (creo que era un iPhone 4), no tenía el equipo adecuado, a menudo olvidaba mirar a la cámara, tenía que recordarme a mí misma hablar más alto para que me oyeran, y el ángulo de la cámara que utilizaba era el incorrecto. Básicamente, mis videos eran un desastre. En ese momento, estaba luchando y solo quería abandonar YouTube. Pero mis amigos me animaron a seguir. Poco a poco, mejoré en la filmación y edición, y más gente empezó a ver mis videos.

Me encantaría poder compartir el enlace de mi primer canal para que vieras lo malos que eran mis videos, pero ya no existe. ¿Por qué? Bueno, cuando empecé en YouTube, podías crear un canal con cualquier correo electrónico. Yo utilizaba el de mi proveedor de Internet. Pero luego Google introdujo la monetización. Dijeron que podías ganar dinero con tus videos, pero solo si estabas registrado con una cuenta de Gmail, que es un correo electrónico proporcionado por Google.

Había mucha gente viendo mis videos, pero no podía ganar dinero con ellos. Así que tuve que empezar de cero, crear un canal completamente nuevo con una cuenta de Gmail y volver a construir mi audiencia. Afortunadamente, tú no tendrás este problema porque hoy en día solo puedes crear un canal de YouTube si tienes una cuenta de Gmail de Google.

Me llevó un tiempo conseguir que todos los suscriptores de mi antiguo canal se mudaran al nuevo, pero una vez que lo logré, borré mi antiguo canal y me centré en el nuevo. Me sentí bien al empezar de nuevo porque mejoré mucho a la hora de ponerme frente a la cámara y hacer que los videos quedaran bien. También me alegro de que esos viejos videos ya no existan (¡eran realmente malos!).

Pero lo mejor de mi nuevo canal fue que empecé a ganar dinero con mis videos de YouTube gracias a algo llamado Google AdSense. En resumen: Google es el propietario de YouTube y pone anuncios antes, durante y después de los videos. Google comparte el dinero obtenido de estos anuncios con las personas que hacen los videos de YouTube: los creadores.

Al principio, no ganaba mucho, quizás un par de cientos de dólares al mes. Pero le tomé gusto a hacer videos y formar parte de la comunidad de YouTube. Me divertía. Hice amigos y aprendí mucho sobre cómo llevar un negocio. Y el dinero extra era un plus adicional.

Una de las dudas que surgieron tras iniciar mi canal de YouTube fue la cuestión de qué tipo de videos debía hacer y publicar. Intenté hacer todo tipo de videos: cómo escribir libros, reseñas de libros, búsqueda de librerías, resúmenes de libros, etc. Pero me di cuenta de que iba en demasiadas direcciones a la vez, tratando de encontrar algo que realmente funcionara. En un momento dado, estuve a punto de abandonar YouTube nuevamente por completo.

Pero dejar YouTube fue más difícil de lo que pensaba. Después de todo, había pasado un par de años haciendo crecer mi canal. Así que decidí tomármelo con calma y hacer lo que pudiera. Me di cuenta de que había empezado a hacer videos en YouTube porque me gustaba. Claro, el dinero extra estaba bien, pero divertirme era lo más importante si quería seguir haciendo videos.

Ganar dinero con mis videos también fue una montaña rusa. A veces, ganaba más de 1,200 dólares al mes con mis videos, pero también había momentos en los que tenía que hacer una pausa en la creación de contenido, lo que me hacía ganar menos. Cambié el contenido de mis videos y el calendario de publicación tantas veces que perdí la cuenta. Por ello, mi canal no siempre ha ido bien, ya que a YouTube le gusta la consistencia.

Con los años, encontré un buen equilibrio para ser YouTuber. Grababa y hacía videos cuando podía y sobre lo que quería. Hasta hoy, sigo teniendo muchos amigos que hice en YouTube y me sigue gustando ver otros canales. YouTube forma parte de mi rutina diaria y no creo que eso cambie pronto.

Por suerte para ti, puedes aprender de todos los errores que yo cometí. Eso te ayudará a que te vaya genial con tu propio canal desde el principio. Desde crear tu cuenta y subir videos, hasta hacer crecer tu canal y ganar dinero, te enseñaré todo sobre YouTube.

Cómo iniciar un canal de YouTube en 2024 - Guía para principiantes sobre cómo ser un influencer y ganar dinero en línea es la mejor guía para ayudarte no solo a crear un canal de YouTube, sino también a hacerlo crecer.

Todo lo que necesitas es una computadora, un teléfono o una cámara, e Internet para iniciar un canal de YouTube. Pero hace falta trabajar duro para hacer crecer tu canal y ganar dinero con él, ¡y no puedes rendirte!

Tanto si ya tienes un canal de YouTube como si no, ¡te prometo que este libro tiene algo que te ayudará a tener éxito y a crecer!

---

10 DATOS INTERESANTES SOBRE YOUTUBE

1. 2,600 millones de personas utilizan YouTube cada mes.
2. El 62% de las personas en todo el mundo usan YouTube.
3. YouTube es el segundo motor de búsqueda más popular después de Google.
4. YouTube está presente en más de 100 países.
5. Los videos de YouTube están disponibles en 80 idiomas diferentes.
6. Cada día se ven 1.000 millones de horas de videos en YouTube.
7. El 62% de las empresas también utilizan YouTube.
8. El 63% del tiempo que la gente pasa viendo videos de YouTube es en teléfonos o tabletas.
9. El 90% de los usuarios encuentran cosas nuevas para comprar en YouTube.
10. Cada minuto se suben 500 horas de videos nuevos a YouTube.

1. Primeros pasos

Configura tu cuenta de YouTube, tu canal y tu cuenta de Adsense

Hace diecinueve años, tres empleados de PayPal -Chad Hurley, Steve Chen y Jawed Karim- fundaron YouTube. PayPal, como ya sabrás, era la forma en que la gente pagaba cosas en eBay y aún se utiliza hoy en día para pagar en diversas plataformas y sitios web.

Según cuenta la historia, Hurley, Chen y Karim crearon YouTube en un pequeño local situado encima de un restaurante japonés y una pizzería en San Mateo, California. De hecho, Karim protagonizó el primer video de YouTube, titulado *Me at the zoo* (Yo en el zoológico). Solo duraba diecinueve segundos y era un poco movido, pero cambió la Internet para siempre.

El 14 de febrero de 2005, Hurley, Chen y Karim activaron el sitio web YouTube.com. Al principio, querían hacer una plataforma de citas online, pero esa idea no funcionó. Así que decidieron convertirlo en un sitio web en el que cualquiera, especialmente los no expertos en informática, pudiera subir y ver videos fácilmente. Cuando YouTube empezó, los videos solo podían tener un máximo de cien megabytes y debían durar no más de treinta segundos.

Un año después, en 2006, Google compró YouTube por 1,650 millones de dólares en acciones. Después de eso, YouTube creció en popularidad, alcanzando el 43% del mercado de video a finales de 2010. En los años siguientes, Google facilitó el uso de YouTube a los pequeños creadores mientras hacía crecer la empresa. Incluso añadieron AdSense, que permite a los creadores ganar dinero con los anuncios en sus videos. Ahora, la gente puede subir videos no solo por diversión, sino también para ganar dinero.

Con el tiempo, YouTube ha crecido mucho, pasando de ser un pequeño sitio web a una enorme plataforma con más de dos mil millones de usuarios activos en todo el mundo. Hoy en día, todo tipo de personas hace videos en YouTube. Cada día, unos 122 millones de personas visitan YouTube para ver videos y no hay señales de que esto vaya a disminuir.

YouTube se ha convertido en una parte importante de la vida de muchas personas en todo el mundo. Hay videos sobre todo tipo de temas como cocina, manualidades, viajes y vida familiar, así como juegos, belleza, noticias, entrenamientos y mucho más. No importa lo que te interese, en YouTube hay algo que ver para todos. Y siempre hay un público en busca de videos para ver.

Así que puede que te preguntes: "¿Hay sitio para mí en esta plataforma tan concurrida?". La respuesta es ¡sí! Cualquiera puede crear su propio canal de YouTube y trabajar para que tenga éxito. Lo importante es empezar y este capítulo te mostrará cómo.

No me malinterpretes, YouTube está mucho más saturado ahora que antes. Constantemente hay nuevos usuarios y creadores de contenido que lanzan nuevos canales y la calidad de los videos es cada vez mejor.

Para tener éxito y ganar dinero con tu canal, tienes que comprometerte a hacer buenos videos con regularidad. Por suerte, grabar y subir videos es la parte fácil. El trabajo duro es promocionar tu canal y asegurarte de que la gente sepa que existe. Ahí es donde entra el verdadero esfuerzo.

YouTube facilita la subida de videos, pero es Google quien te paga por ellos. Las personas que hacen videos en YouTube pueden ganar dinero porque Google es el propietario del sitio web. Google empezó a permitir que los canales ganaran dinero con sus videos en 2008. La cantidad que te pagan depende del tipo de anuncios que se reproduzcan en tus videos, pero todos cobran por cada 1.000 visitas. Algunos pueden recibir cincuenta céntimos por cada 1.000 visitas, mientras que otros pueden recibir cincuenta dólares.

Esta asociación entre YouTube y Google no solo beneficia a los creadores de videos, sino también a los anunciantes, ya que pueden llegar a personas de todo el mundo por menos dinero del que gastarían en anuncios de televisión. ¿Has notado que en YouTube hay muchos anuncios de empresas que nunca has visto en la televisión? Eso es porque Google está ayudando a las pequeñas empresas a alcanzar a más clientes de los que podrían llegar solo con anuncios de TV.

Pero Google no es la única forma en que puedes ganar dinero haciendo videos. Obtener patrocinios de marcas es otra manera en que los YouTubers ganan dinero. Algunos YouTubers ganan más con los patrocinios que con los anuncios de AdSense.

Actualmente, YouTube muestra anuncios en más de mil millones de videos vistos cada semana y los creadores obtienen una parte del dinero de esos anuncios. Más adelante en este libro, te explicaré detalladamente cómo puedes ganar dinero con tus videos a través de AdSense, patrocinios y otros métodos. Pero antes de empezar a ganar, necesitas configurar correctamente tus cuentas de YouTube y Google.

Como Google es el propietario de YouTube y gestiona los anuncios de AdSense que te pagan por tus videos, primero debes registrarte en Google para crear un canal de YouTube que pueda ganar dinero con anuncios.

Como mencioné en la introducción de este libro, cuando creé mi primer canal de YouTube, no tenía un email de Google. En su lugar, utilicé un correo electrónico diferente. Por eso, mi primer canal no podía ganar dinero con los anuncios. Aunque seguí subiendo videos y conseguí más suscriptores, nunca gané dinero con ellos.

Afortunadamente para ti, no tienes que preocuparte por cometer el mismo error que yo, porque ahora solo puedes crear un canal de YouTube a través de Google. Si ya tienes una cuenta de Gmail, puedes saltarte esta parte. Pero si no la tienes, es fácil y gratis conseguir una. Aquí te explico cómo hacerlo:

1. Accede a la página de registro de cuentas de Google en **accounts.google.com/signup.**
2. Sigue los pasos para crear una cuenta de Google (es rápido, sencillo y gratuito).
3. Esto también creará una cuenta de YouTube, te dará una dirección de Gmail y creará un canal de YouTube, todo en el mismo sitio.

Solo tienes que seguir los pasos para completar el proceso. Cuando obtienes una cuenta de Google por primera vez, también obtienes tu propia cuenta de YouTube. Esto te permite hacer cosas como suscribirte a canales, dar "Me gusta" o "No me gusta" a videos y dejar comentarios. Si has visto videos de YouTube antes y te has dado cuenta de que no podías dejar comentarios, es porque necesitabas una cuenta de YouTube para hacerlo.

Una vez que tienes una cuenta de Google, también obtienes tu propio canal de YouTube. Pero es tu decisión activarlo y utilizarlo o no. La mayoría de las personas que tienen cuentas de YouTube nunca crean su canal, pero la opción está ahí si lo deseas. Google te animará a crear tu canal y es tan fácil como darle un nombre. Pero no te estreses si aún no estás preparado para subir videos. Crear tu canal significa que estará listo para que lo utilices cuando quieras.

1. El nombre de tu canal

Cuando crees tu cuenta de Google por primera vez, tendrás que elegir un nombre de usuario. La mayoría de la gente utiliza su nombre real, lo cual es una buena idea. Pero para tu canal de YouTube, puedes elegir un nombre diferente. Ten en cuenta que tu nombre de usuario de Google no es el mismo que el nombre de tu canal de YouTube.

Asegúrate de pensar detenidamente el nombre de tu canal de YouTube. Google puede sugerirte que utilices el nombre de tu cuenta, pero puedes elegir el nombre que quieras, siempre y cuando no esté ya tomado. Incluso si estás empezando en YouTube por diversión, es inteligente elegir un nombre que deje espacio para que tu canal crezca. Muchos canales grandes de YouTube tienen nombres que no se ajustan realmente a su contenido o popularidad porque las personas que están detrás de ellos no previeron lo grandes que llegarían a ser.

Siempre puedes cambiar el nombre de tu canal más adelante, pero si lo haces, recuerda que podría confundir a tus suscriptores. Si eres un autor que vende libros en Amazon y quieres hacer videos sobre tus libros y cómo venderlos en Internet, pon a tu canal de YouTube el mismo nombre que a tu página de autor en Amazon. Por ejemplo, si Margaret Atwood (autora de *The Handmaid's Tale* o *El cuento de la criada* en español) tuviera un canal de YouTube, lo llamaría Margaret Atwood, igual que su página de autor en Amazon. Lo mismo ocurre con el famoso Stephen King.

Si no estás seguro de utilizar tu nombre para el canal de YouTube pero quieres algo pegadizo y fácil de recordar para hacer crecer tu marca, siempre puedes pedir ayuda a ChatGPT.

Por ejemplo, puedes pedirle a ChatGPT lo siguiente: "Por favor, dame algunas sugerencias de nombres de canales de YouTube para autores que venden libros en Amazon y que desean hacer crecer su marca. Los nombres deben ser cortos, pegadizos y fáciles de recordar". A partir de ahí, puedes ir probando diferentes opciones. En general, lo más sensato es "marcar" todo tu contenido con un mismo nombre, incluyendo YouTube.

Si quieres hacer crecer tu marca, evita cambiar el nombre de tu canal de YouTube. Te explicaré brevemente por qué: si cambiaras el nombre de tu canal, tendrías que rehacer todo (imágenes, gráficos y logotipos) e incluso cambiar tu nombre en todas tus cuentas de redes sociales. Además, tendrías que explicarles a tus suscriptores por qué hiciste estos cambios.

Por lo tanto, es mejor elegir el nombre correcto desde el principio para evitar todos estos problemas. Si no se te ocurre nada especial, no pasa nada si utilizas tu nombre real. Muchos YouTubers lo hacen ahora en lugar de utilizar nombres graciosos o inventados.

Lo bueno es que si decides cambiar el nombre de tu canal de YouTube, también puedes cambiar fácilmente la URL de tu canal. Simplemente sigue estos pasos:

1. Haz clic en tu ícono en la esquina superior derecha.
2. Haz clic en **YouTube Studio**.
3. En la barra lateral izquierda, haz clic en **Personalización**.
4. Haz clic en **Información básica**.
5. Actualiza tu **Identificador** (el campo situado debajo del campo Nombre).

Mientras el nuevo nombre y el nuevo identificador que elijas estén disponibles (lo sabrás porque aparecerá una marca verde), la URL de tu canal de YouTube se actualizará automáticamente.

Pero dejando a un lado los asuntos relacionados con la URL, lo que realmente importa es el nombre de tu canal. La mayoría de la gente que busca o se suscribe a tu canal, no suele escribir la URL en la barra de búsqueda. Puedes compartir el enlace de tu canal en las redes sociales para que la gente pueda hacer clic fácilmente y visitar tu canal.

Si quieres que tu canal de YouTube funcione como tu sitio web principal, podrías considerar comprar una dirección web especial, más conocida como nombre de dominio, en un sitio web como GoDaddy.com. Siguiendo con el ejemplo del autor de antes, podrías tener tunombredecanal.com, que redirigiría a la gente a tu Página de Autor de Amazon. Como tus libros son tu principal fuente de ingresos, querrías que la gente viera primero tu página de autor de Amazon. Pero si YouTube fuera tu trabajo principal, enviarías a la gente a tu canal en su lugar.

Es inteligente ser propietario de las direcciones web (nombres de dominio) que coincidan con el nombre de tu canal. Aunque empieces solo por diversión, tu canal podría llegar a ser grande algún día. Y si ganas mucho dinero con los anuncios, es más fácil enviar a la gente a tu canal con una URL específica. Además, querrás conseguir tu nombre de dominio antes de que lo haga otra persona.

Conseguir un nombre de dominio no cuesta mucho y es algo en lo que deberías pensar a medida que tu canal crezca. Solo tienes que ir a GoDaddy.com y buscar el nombre de dominio que quieras. Dependiendo de lo popular que sea el nombre de dominio, pagarás entre 5 y 10 dólares el primer año y entre 20 y 50 dólares cada siguiente año. Cuando crees un sitio web para tu canal, intenta conseguir primero un dominio ".com", ya que es el más reconocido. Si no está disponible, un dominio ".co" también funcionará bien.

2. Tu cuenta de AdSense

Hace cinco años, podías empezar a ganar dinero con anuncios en tus videos de YouTube inmediatamente, pero en 2019, Google cambió las reglas. Desde entonces, tienes que cumplir ciertos requisitos antes de poder monetizar tus videos.

Hay dos formas de monetizar tus videos en YouTube.

La primera forma es a través de membresías del canal, Súper Chats, Súper Calcomanías, Súper Gracias, y conectando una tienda a tu cuenta de YouTube para vender tu mercancía. Para poder optar por esta opción, necesitas:

- Al menos 500 suscriptores.
- Al menos tres videos subidos en los últimos tres meses.
- 3.000 horas de reproducción públicas en el último año, o tres millones de visualizaciones de Shorts públicas en los últimos tres meses.

La otra forma de monetizar tu canal es a través de anuncios en tus videos, además de todas las opciones mencionadas anteriormente. Esta es la opción AdSense y en la que me centraré en este capítulo. Para poder optar por esta opción, necesitas:

- Al menos 1.000 suscriptores.
- Al menos tres videos subidos en los últimos tres meses.
- 4.000 horas de reproducción públicas en el último año, o diez millones de visualizaciones de Shorts públicas en los últimos tres meses.

También es importante tener en cuenta que YouTube elimina AdSense a cualquier canal que no esté activo. Y hacen que los creadores vuelvan a ganárselo consiguiendo al menos 4.000 horas de visualización en un plazo de un año.

Estas nuevas normas pueden resultar frustrantes para los nuevos YouTubers y para aquellos que se tomaron un descanso de sus canales y, por tanto, perdieron AdSense. Pero si trabajas duro y te mantienes en ello, puedes cumplir las normas de monetización para ganar dinero con tu canal más rápidamente. Hablaré más sobre cómo hacer crecer tu canal más adelante en este libro. Pero ahora, aprendamos más sobre AdSense.

Según Google, así es como funciona AdSense, en términos sencillos:

1. Pegas códigos de anuncios en tu sitio web, blog o videos de YouTube para crear espacio para anuncios allí.
2. Los anuncios mejor pagados aparecen en tu sitio web, blog o videos.
3. Google te paga directamente a ti (el creador) por mostrar estos anuncios en tu sitio web, blog o videos de YouTube, y se encarga de facturar a los anunciantes.

Como parte del Programa AdSense, Google inserta anuncios en tu sitio web, blog y canal de YouTube a través de su sistema Google Ads. Luego, te pagan por los anuncios que se muestran en tus plataformas, basándose en los clics que reciben o en las impresiones generadas, dependiendo del tipo de anuncio.

Los creadores no tienen control sobre qué anuncios aparecen en sus videos. Son los anunciantes quienes deciden dónde quieren que se muestren sus anuncios a través de Google. Por ejemplo, las empresas tecnológicas pueden invertir más en publicidad que las marcas de productos de belleza. Además, durante las campañas electorales, podrías ver muchos anuncios políticos, independientemente de tus preferencias personales.

Google utiliza tres métodos para decidir qué anuncios mostrar:

• **Orientación contextual**: La tecnología de Google analiza elementos como las palabras clave de una página, la frecuencia de aparición de ciertas palabras y la conexión de la página con otros contenidos en Internet. A partir de esta información, selecciona los anuncios que mejor coinciden con el contenido de esa página web o video.

- **Orientación por ubicación**: Los anunciantes pueden elegir ubicaciones específicas para mostrar sus anuncios. Estos anuncios pueden no estar directamente relacionados con el contenido de la página o video, pero los anunciantes creen que sus productos o servicios interesarán a los espectadores.

- **Segmentación personalizada**: Este método permite a los anunciantes mostrar anuncios a personas según sus intereses, edad, sitios web que visitan, aplicaciones que utilizan, etc. Utiliza información del historial de navegación de los usuarios, interacciones previas con anuncios y la actividad de su cuenta de Google.

Para ganar dinero con tus videos, primero debes convertirte en **Socio de YouTube**. Hablaremos en más detalle sobre esto más adelante. Actualmente, necesitas 1.000 suscriptores y 4.000 horas de visualización pública para empezar a monetizar en YouTube. Sin embargo, si tienes un blog o un sitio web, puedes empezar a ganar dinero con los anuncios de Google colocados en tu sitio inmediatamente, sin ningún requisito mínimo.

Para empezar, visita **adsense.google.com/start/**. Tendrás que completar una solicitud y pasar por un proceso de verificación, que incluye proporcionar tu número de seguro social para fines fiscales y tu información bancaria para recibir pagos. Similar a un proceso de solicitud de empleo, es necesario proporcionar estos datos para recibir tus ganancias. Si llegas a ganar $600 o más con los anuncios de Google en un año, te enviarán un formulario de impuestos 1099 al final del año.

Google puede enviarte un código PIN por correo postal o electrónico, que deberás utilizar para finalizar el registro. Este proceso puede variar ocasionalmente, pero Google te guiará en cada paso.

Puedes optar por recibir tus pagos de AdSense por correo o mediante depósito directo en tu cuenta bancaria. Sin embargo, necesitas acumular al menos $100 en ganancias totales de AdSense de todas tus plataformas (blog, sitio web, YouTube) para que te paguen cada mes. Si no alcanzas los $100 en un mes, el dinero se mantendrá en tu cuenta hasta que llegues a esa cantidad. Una vez que alcances el umbral, puede que debas esperar un poco antes de recibir el pago.

Dado que el dinero de AdSense es un ingreso, deberás pagar impuestos sobre él, como lo harías con cualquier otro ingreso. Google facilita este proceso enviándote un formulario de impuestos 1099 cada año. Puedes recibirlo por correo o descargarlo desde tu cuenta de AdSense. Google te notificará cuando los formularios estén disponibles. Si no recibes una notificación, simplemente accede a tu cuenta de Google AdSense para encontrar y descargar tu formulario de impuestos.

Aunque AdSense suele ser la principal fuente de ingresos para muchos canales, también debes llevar un registro de cualquier dinero que obtengas de patrocinios o programas de afiliación. No todas las empresas emiten formularios de impuestos para estos ingresos. Algunas asociaciones de afiliados no te enviarán formularios de impuestos, pero es fundamental llevar un registro de estos pagos. Más adelante, en el Capítulo seis: *Cómo ganar dinero en YouTube*, discutiré en detalle otras formas de generar ingresos y cómo gestionar tus ganancias.

Una vez que completes el proceso de solicitud y Google apruebe tu cuenta de AdSense, podrás empezar a colocar anuncios en tu blog o sitio web. Sin embargo, para ganar dinero con tus videos de YouTube, primero debes cumplir los requisitos del **Programa de Socios de YouTube**: 1.000 suscriptores y 4.000 horas de visualización pública. Incluso al cumplir estos objetivos, tus videos no generarán dinero automáticamente. Deberás unirte al **Programa de Socios de YouTube**. Google te recordará hacerlo cuando tu canal cumpla los requisitos

3. TU ASOCIACIÓN CON YOUTUBE

Una vez que hayas creado tu cuenta de Google, tu canal de YouTube y tu cuenta de AdSense, hay un paso más para empezar a ganar dinero con tus videos: convertirte en **Socio de YouTube**.

Cuando tu canal alcance los 1.000 suscriptores y las 4.000 horas de visualizaciones públicas, YouTube te invitará a unirte a su **Programa de Socios de YouTube** (*YouTube Partner Program* - YPP). Este programa ofrece a los creadores acceso a funciones adicionales y recursos exclusivos, como asistencia especializada, herramientas de gestión de derechos de autor y opciones de monetización.

Para participar en el Programa de Socios de YouTube, debes cumplir los siguientes requisitos:

- Seguir todas las políticas de monetización actuales de YouTube: Estas normas cambian frecuentemente y deberás aceptarlas al presentar tu solicitud.
- Vivir en una región elegible: Norteamérica, Sudamérica, Europa, Asia, África u Oceanía.
- Conseguir 4.000 horas de visualizaciones públicas válidas en un año: Las horas válidas provienen de videos públicos y retransmisiones en directo, mientras que las horas no válidas incluyen videos privados o no listados, contenido eliminado o visualizaciones infladas artificialmente.
- Tener más de 1.000 suscriptores.
- Tener una cuenta de AdSense vinculada a tu canal de YouTube: Configura tu cuenta de AdSense con antelación para que esté lista cuando cumplas todos los requisitos.

Aquí tienes una lista de comprobación para solicitar el Programa de Socios de YouTube:

1. Asegúrate de que tu canal sigue todas las políticas y directrices de YouTube.
2. Activa la verificación en dos pasos en tu cuenta de Google para mayor seguridad.
3. Consigue al menos 1.000 suscriptores y 4.000 horas de visualizaciones públicas válidas.
4. Acepta y firma los términos del Programa de Socios de YouTube.
5. Asegúrate de que sólo tienes una cuenta de AdSense.
6. Tras aceptar las condiciones y conectar tu cuenta de AdSense, tu canal será sometido a un proceso de revisión. Este proceso puede tardar hasta un mes, dependiendo de la cantidad de canales en espera y de la disponibilidad del personal para llevar a cabo las revisiones.

4. Monetiza tus videos

Para empezar a ganar dinero con tus videos en YouTube, primero debes monetizarlos, lo que implica permitir que YouTube muestre anuncios en ellos. Sin embargo, es crucial evitar utilizar música o videos protegidos por derechos de autor en tu contenido, ya que esto puede impedir que generes ingresos con los anuncios.

Si incluyes accidentalmente música protegida por derechos de autor en tus videos, YouTube puede mantener el video en línea, pero no podrás ganar dinero con los anuncios. Es importante ser cuidadoso con la música de fondo al grabar o editar tus videos. Si deseas añadir música, puedes optar por música libre de derechos de autor disponible en sitios como Artlist, Epidemic Sound, Pixabay y Bensound. Además, YouTube ofrece una biblioteca de audio con música y sonidos libres de derechos que puedes usar sin preocupaciones.

Es probable que en lugares públicos como tiendas, la música de fondo esté protegida por derechos de autor y pueda ser captada por el micrófono de tu cámara. Esto podría llevar a que YouTube desactive la monetización del video específico que contiene música con derechos de autor. Por esta razón los vloggers suelen hablar por encima de sus videos, para evitar tener música con derechos de autor que pueda hacer que sus videos sean desmonetizados.

Si tu video presenta problemas de derechos de autor mientras lo subes, YouTube te lo indicará. Puedes optar por eliminar el video, editar la música por tu cuenta o seguir las sugerencias de YouTube para reducir o recortar la parte con derechos de autor. Este proceso puede llevar tiempo, pero es preferible a tener que editar y subir el video de nuevo, ya que una vez que el video está en línea, no se pueden realizar cambios.

Por otro lado, tener una cuenta de AdSense no garantiza automáticamente que tus videos generarán ingresos. Debes activar los anuncios para cada video manualmente a través de **YouTube Studio**, una herramienta integral para gestionar tu canal y su contenido.

Puedes administrar tus videos utilizando YouTube Studio desde tu computadora o la aplicación móvil dedicada, que es diferente a la aplicación principal de YouTube. Recomiendo usar YouTube Studio en tu computadora debido a su facilidad de uso y sus características adicionales. A continuación, te explico cómo hacerlo en la versión de escritorio:

1. Después de subir un video a tu canal de YouTube, haz clic en él para seleccionarlo.
2. Luego, haz clic en el ícono de detalles (parecido a un lápiz) para acceder a las opciones de configuración.
3. Dirígete a la pestaña de **Monetización** en el panel izquierdo de la página. Esto te llevará a la sección de Monetización del video específico.
4. Selecciona **"Activar"** en el menú desplegable de Monetización.
5. Elige el tipo de anuncios que deseas incluir en tu video. Si la duración del video supera los ocho minutos, tienes varias opciones:

- **Anuncios en pantalla:** Estos son los anuncios estándar que Google muestra automáticamente en tus videos.
- **Anuncios superpuestos:** Pequeños anuncios de imagen o texto que aparecen en el 20% de la parte inferior del video cuando se visualiza en computadoras.
- **Tarjetas patrocinadas:** Ventanas emergentes de llamadas de acción que puedes añadir para enlazar otros videos o contenido patrocinado.
- **Anuncios de video omitibles:** Anuncios que los espectadores pueden saltarse después de cinco segundos.
- **Anuncios de video no omitibles:** Anuncios que los espectadores deben ver antes de que empiece el video.

Utilizando YouTube Studio en tu computadora, podrás gestionar estos ajustes con mayor facilidad y precisión para optimizar la monetización de tus videos en YouTube.

Para optimizar la colocación de anuncios en tus videos de YouTube de manera práctica, puedes comenzar con un **anuncio de video no omitible** al inicio de tu video. Esto asegura que todos los espectadores vean al menos un anuncio, maximizando los ingresos potenciales sin opción de omitirlo. Luego, a lo largo del video, puedes usar **anuncios de video omitibles**. Estos permiten a los espectadores saltarlos después de cinco segundos si lo desean, lo que puede mantener el compromiso y la satisfacción del espectador mientras generas ingresos adicionales.

En la sección de **Ubicación de los anuncios en el video**, que se encuentra debajo de **Tipo de anuncios**, puedes seleccionar dónde aparecerán los anuncios en tus videos:

- **Antes del video** (pre-roll)
- **Durante el video** (mid-roll)
- **Después del video** (post-roll)

Si tu video supera los ocho minutos de duración, es importante gestionar los anuncios mid-roll seleccionando la opción **ADMINISTRAR MID-ROLL** bajo la pestaña **Durante el video (mid-roll)**. Los anuncios que se muestran en medio del video suelen generar mayores ingresos, por lo que es crucial posicionarlos estratégicamente en tus contenidos.

YouTube coloca automáticamente anuncios mid-roll en tus videos, pero te recomiendo elegir cuidadosamente sus ubicaciones para evitar saturaciones que puedan alejar a los espectadores. A veces, YouTube puede colocar demasiados anuncios en lugares inoportunos, como al final del video, cuando la audiencia ya ha abandonado la visualización, lo cual podría reducir tus potenciales ingresos.

Dependiendo de la duración de tu video, te recomiendo colocar anuncios cada siete o diez minutos. Por ejemplo, si tu video dura quince minutos, añade un anuncio a los siete minutos. Pero si dura veinticinco minutos, coloca anuncios a los nueve y diecinueve minutos.

Si estás creando un video que incluye revelar una noticia o información importante, te sugiero colocar un anuncio justo antes de este momento. Aunque esto pueda interrumpir brevemente el flujo del video, la anticipación que generarás en los espectadores los incentivará a quedarse y ver qué sucede, en lugar de saltar cuando empiece el anuncio. Asegúrate de equilibrar esta colocación con otros anuncios a lo largo del contenido.

Agregar pausas publicitarias es sencillo. Haz clic en el botón + junto a **Pausa de anuncios** y añade tantas como desees. Luego, en la opción **COLOCAR AUTOMÁTICAMENTE**, ingresa la marca de tiempo de cada anuncio. Puedes ajustar estas marcas fácilmente más adelante si es necesario, así que no te preocupes por cometer errores. Además, puedes mover cada pausa publicitaria manualmente en la parte inferior de la página. Más adelante te explicaré detalladamente cómo hacerlo paso a paso.

Una vez que hayas posicionado los anuncios según tu preferencia, asegúrate de hacer clic en el botón **GUARDAR** en la esquina superior derecha para confirmar los cambios.

En tu pantalla aparecerá un cuadro titulado **Dinos qué hay en tu video**, donde se te preguntará sobre el contenido del mismo. Aquí debes confirmar si tu video contiene lenguaje inapropiado, contenido para adultos, violencia, contenido impactante, actos ofensivos o peligrosos, contenido relacionado con drogas, incitación al odio, contenido sobre armas de fuego y/o temas delicados. YouTube vigila estrictamente este tipo de contenido, así que si tu video no incluye ninguno de estos elementos, simplemente marca **Ninguna de las anteriores** y pulsa **Enviar**. Luego, haz clic en **GUARDAR** y ya tendrás todo listo para monetizar tus videos.

No olvides regresar a tus primeros videos que inicialmente no fueron monetizados por no cumplir con los requisitos y monetizarlos también. Agregar anuncios mid-roll es clave. Aunque tomará algo de tiempo actualizar todos tus primeros videos, valdrá la pena porque aumentarás tus ingresos.

Configurar y monetizar tu canal de YouTube puede parecer un proceso complejo, especialmente para los nuevos creadores. En resumen, primero debes registrarte para obtener una cuenta de Google, una cuenta de AdSense y una cuenta de YouTube. Luego, tendrás que registrarte en el Programa de Socios de YouTube, y todo esto requiere tiempo y atención a los detalles, especialmente en la parte donde proporcionas información fiscal a Google para recibir el pago por los anuncios mostrados en tus videos.

Ten paciencia y sigue todas las instrucciones al completar tus solicitudes. Obtener una cuenta de Google y un canal de YouTube es un proceso automático tras el envío de los formularios. Sin embargo, entrar al Programa de Socios de YouTube puede demorar, ya que cada cuenta es verificada manualmente por los empleados de Google. A veces esto puede llevar solo una semana, pero en otras ocasiones puede extenderse durante meses. Aunque esperar puede resultar frustrante, una vez que comiences a ganar dinero con tus videos, todo el esfuerzo valdrá la pena, ¡te lo aseguro!

Recuerda, solo tendrás que completar estas tareas una vez. Una vez que hayas configurado todas tus cuentas y comiences a ganar dinero con tus videos de YouTube, podrás relajarte y disfrutar de los ingresos que llegarán a tu cuenta bancaria cada mes.

5. Métricas de YouTube 101

Antes de sumergirte en el mundo de los YouTubers, es crucial dominar algunos términos técnicos de análisis como creador de contenido de YouTube. Estos términos te ayudarán a comprender y optimizar el crecimiento de tu canal de manera efectiva y eficiente. Desde la cantidad de personas que ven tus videos hasta cuántas hacen clic en ellos, cada acción y métrica en YouTube tiene su definición específica.

Vamos a repasar lo básico:

• **Tiempo de visualización (horas):** Es el tiempo total que los espectadores han dedicado a ver tus videos. Para monetizar tu canal, necesitas alcanzar al menos entre 3.000 y 4.000 horas de visualizaciones públicas en un año.

• **Alcance:** Indica cómo tu audiencia encuentra tu contenido y cuántos usuarios son expuestos a él.

• **Impresiones:** Representa cuántas veces la miniatura de tu video ha sido mostrada a los espectadores.

• **Miniatura:** Es la imagen pequeña que se muestra junto al título del video, crucial para captar la atención de los espectadores y decidir si ven tu video.

• **Porcentaje de clics:** Indica el porcentaje de espectadores que hacen clic en tu video después de ver la miniatura.

• **Tasa de clics por impresiones:** Muestra la frecuencia con la que los espectadores hacen clic en tu video tras ver la miniatura en la página de inicio, sugerencias o tendencias.

• **Vistas a partir de impresiones:** Indica cuántas visualizaciones obtuvo tu video de personas que vieron la miniatura.

• **Tiempo de visualización desde impresiones (hora):** Es el tiempo total que la gente ha visto tu video después de ver la miniatura.

• **Visualizaciones:** Representa cuántas veces tu video ha sido visto; se requiere que el espectador vea al menos 30 segundos del video para contar como una visualización.

• **Espectadores únicos:** Indica cuántas personas diferentes han visto tu contenido dentro de un periodo específico.

• **Visualizaciones por espectador único:** Muestra cuántas veces, en promedio, cada espectador ha visto tu video.

• **Duración media de visualización:** Es el tiempo promedio que los espectadores pasan viendo tu video.

• **Porcentaje promedio de visualización:** Indica el porcentaje promedio de tu video que los espectadores han visto por visualización.

• **Promedio de visualizaciones por espectador:** Es el número promedio de veces que cada espectador ve tu video.

• **Espectadores recurrentes:** Son aquellos que han visto más de uno de tus videos.

• **Suscriptores:** Son personas que han decidido seguir tu canal.

• **Retención de audiencia:** Indica qué tan bien tu video mantiene el interés de los espectadores a lo largo de su duración. Te muestra el porcentaje de espectadores que ven tu video, en qué momento su atención disminuye y abandonan el video, así como las partes más atractivas de tu video. Esto puede ayudarte a tomar decisiones de los temas sobre los cuales creas contenido y a editar mejor tus futuros videos para evitar que los espectadores abandonen el video cuando pierdan el interés.

• **Fuentes de tráfico:** Muestra cómo los espectadores encontraron tu video (redes sociales, página principal de YouTube, sección de sugerencias) y qué fuente generó más visualizaciones y tiempo de visualización. Esto puede ayudarte en la estrategia de promoción de tus futuros videos.

Puede parecer abrumador al principio, especialmente con métricas tan similares entre sí. Sin embargo, con el tiempo y prestando atención al rendimiento de tus videos, aprenderás a interpretar estas cifras para mejorar continuamente tu contenido y atraer a tu audiencia. Estas métricas son esenciales para el crecimiento de tu canal ya que ofrecen información valiosa sobre qué funciona y qué no. Integrarlas en tu proceso creativo puede marcar la diferencia entre un video promedio y uno increíble. Antes de crear tu próximo video, revisa cómo marcharon tus videos anteriores para asegurarte de que cada nuevo contenido sea mejor que el anterior.

Datos sobre los usuarios de YouTube

- 54% de los usuarios de YouTube son hombres y el 46% son mujeres.
- 12% de todos los usuarios de YouTube son hombres de entre 24 y 34 años.
- 9% de los usuarios de YouTube son mujeres de entre 24 y 34 años.
- 9% de los usuarios de YouTube son hombres de entre 35 y 44 años.
- 7.5% de todos los usuarios de YouTube son mujeres de entre 35 y 44 años.
- La mayoría de los usuarios de YouTube tienen entre 15 y 35 años.

2. Equipo de grabación y configuración

¡Me imagino que estás ansioso por llegar a esta parte del libro! Seguramente quieres saber qué cámara elegir para grabar videos, qué software de edición usar y qué computadora es más eficiente para editar. Incluso podrías estar esperando un enlace que te lleve directamente a todo lo que necesitas, ¿verdad?

Lamento decepcionarte, pero no es tan simple. No existe un kit universal para empezar en YouTube. Cada creador tiene su propio enfoque y utiliza equipos variados.

Existen muchas opciones para grabar, editar y subir videos a YouTube, desde cámaras y luces hasta software de edición y computadoras. Constantemente aparecen nuevos productos en el mercado, ofreciendo mejoras y nuevas funcionalidades. Si te sientes abrumado por tantas opciones, no te preocupes. En este capítulo, cubriré los aspectos básicos y te daré consejos, desde usar lo que ya tienes hasta invertir en equipos más avanzados.

A menudo, ya posees todo lo necesario para empezar tu canal. Muchas personas graban, editan y suben videos utilizando solo su iPhone o laptop, y logran un éxito considerable sin necesidad de cámaras costosas o software sofisticado. Algunos ni siquiera tienen un anillo o aro de luz, algo que muchos YouTubers consideran como esencial.

En este capítulo exploraremos qué necesitas para grabar, editar y subir videos a YouTube. También revisaré algunos productos populares entre los YouTubers. Aunque no te diré exactamente qué comprar, conocerás las opciones y podrás decidir si prefieres adquirir algo nuevo o usar lo que ya tienes.

Muchos YouTubers comienzan con un iPhone y una Mac, y muchos continúan utilizando estos mismos dispositivos a lo largo de su trayectoria. Si llevas tiempo en YouTube, es probable que hayas oído hablar de Jimmy Donaldson, mejor conocido como MrBeast. Es el segundo canal más grande de YouTube, con más de 245 millones de suscriptores, y comenzó grabando videos con un simple iPhone 6. ¡Incluso siguió usando su iPhone después de alcanzar los 100.000 suscriptores! Aparte de los iPhones y las Macs, aquí tienes algunos equipos esenciales si quieres dirigir y hacer crecer tu canal de YouTube.

1. Cámara

Antes de preocuparte por encontrar la mejor cámara para tus videos de YouTube, recuerda que incluso un equipo costoso no compensará la falta de contenido atractivo. Es crucial concentrarse primero en mejorar tus habilidades para hacer videos. Utiliza cualquier equipo disponible y mantén los costos bajos al inicio para practicar y descubrir lo que realmente conecta con tu audiencia. Al final, captar y mantener la atención del público es más importante que tener imágenes de alta definición.

Para grabar videos en YouTube, tienes dos opciones principales: utilizar un smartphone o una cámara DSLR. Muchos YouTubers exitosos comparten sus experiencias sobre cómo graban y qué cámaras utilizan. Si estás interesado, puedes buscar en YouTube "mejores cámaras para grabar videos de YouTube" para ver recomendaciones de otros creadores. Revisa los videos más recientes para obtener información sobre los modelos de cámara más actualizados. Las cámaras DSLR pueden costar desde 100 $ hasta más de 2.000 $. Sin embargo, si tu presupuesto es limitado, puedes comenzar con tu smartphone y aún así podrías tener un canal exitoso, ¡tal como demostró MrBeast!

Si prefieres una cámara en lugar de un smartphone, puedes comprar una nueva o considerar adquirir una de segunda mano en eBay u otro website para ahorrar costos. Independientemente de la cámara que elijas, encontrarás tutoriales en YouTube que te ayudarán a familiarizarte con su uso.

Como regla básica, busca una cámara capaz de grabar en HD, es decir, 720p o 1080p, para obtener videos claros y nítidos.

Muchos teléfonos modernos ya graban en HD, como los últimos modelos de iPhone. Si optas por una cámara independiente, recuerda que deberás transferir los archivos de video a tu computadora utilizando la tarjeta de memoria de la cámara. La mayoría de los usuarios de cámaras independientes utilizan tarjetas de memoria para almacenar y transferir videos, además de tener baterías adicionales para prolongar el tiempo de grabación. Aparte de las cámaras DSLR, algunos creadores también utilizan sus teléfonos para grabar tomas adicionales.

Aquí tienes cinco cámaras DSLR populares utilizadas para grabar videos en YouTube:

1. **Canon PowerShot G7 X Mark III**: Favorita entre vloggers por su capacidad de grabación en 4K; se consigue desde 600 $.
2. **Sony ZV-1**: Compacta y excelente para grabar en 4K; se consigue desde 700 $.
3. **DJI Pocket 2**: Fácil de usar con buena estabilidad; cuesta a partir de 350 $.
4. **GoPro Hero2**: Conocida por su estabilidad en la grabación, aunque podría necesitar un micrófono externo; se consigue desde 400 $.

5. **DJI Osmo Action**: Cámara resistente al agua y económica, ideal para principiantes; se consigue por menos de 200 $.

2. Iluminación

Si planeas hacer videos tipo vlog donde te grabas en tus actividades diarias, puedes aprovechar la luz natural, como la del sol. Además, existen pequeños anillos de luz que puedes acoplar a tu cámara o teléfono para mejorar la iluminación según sea necesario.

Para filmar principalmente en interiores, puedes considerar distintas opciones de iluminación: desde simples anillos de luz hasta sistemas más complejos con múltiples fuentes de luz. Sin embargo, si dispones de ventanas amplias que permiten el paso de luz natural, esto podría ser suficiente para tus grabaciones en interiores. Aun así, muchos YouTubers prefieren usar luces especializadas, como las de estudio o los anillos de luz. Estos anillos vienen en diversos tamaños, desde pequeños que se acoplan al teléfono hasta modelos para colocar de pie en el suelo.

Para iniciarte en la creación de videos, te recomiendo comenzar con un anillo de luz sencillo de unos veinticinco centímetros (diez pulgadas) montado sobre un trípode. Son versátiles y proporcionan la iluminación adecuada para la mayoría de los videos, especialmente en espacios poco iluminados. Los anillos de luz ayudan a iluminar uniformemente tu rostro, así que son ideales para vlogs, tutoriales o cualquier contenido donde te dirijas directamente a la cámara. Puedes encontrar anillos de luz de calidad en Amazon por entre 30 y 100 dólares.

Los anillos de luz más pequeños se encuentran cada día más disponibles, incluso en tiendas como Target, Walmart y tiendas de artículos a bajo precio, por tan solo 5 dólares. Sin embargo, recuerda que obtienes lo que pagas, por lo que es mejor invertir un poco más en un anillo de luz de calidad que se ajuste bien a tu cámara o se sostenga adecuadamente.

Recuerda que puedes empezar con lo que ya tienes. Una ventana y una lámpara pueden funcionar muy bien para grabaciones en interiores y, si grabas al aire libre durante el día, es probable que no necesites luz adicional. A medida que te familiarices con la producción de videos y si sientes la necesidad de mejorar tu equipo de iluminación, siempre puedes invertir en opciones más avanzadas.

3. Micrófono

Al grabar videos para YouTube, la mayoría de los iPhones y cámaras digitales ya vienen con micrófonos incorporados. Sin embargo, a medida que avances en la creación de videos, es posible que desees considerar la adquisición de micrófonos adicionales adaptados a diferentes tipos de grabaciones.

Existen micrófonos de diversos tipos y tamaños como los de escritorio, auriculares, portátiles, con cancelación de ruido y los de tipo gancho, con precios que varían considerablemente.

La necesidad de un micrófono adicional dependerá de tu experiencia en la realización de videos. Por ejemplo, si sueles hacer vlogs, un micrófono con pantalla antiviento (una especie de cubierta esponjosa similar a una pata de conejo) puede ayudar a reducir el ruido del viento. Para videos donde predominen las entrevistas o las grabaciones sentado, un micrófono de escritorio podría ser más útil.

Al igual que con los anillos de luz y las cámaras de alta gama, los micrófonos son una inversión que puedes considerar más adelante en tu trayectoria en YouTube. Si tu teléfono o cámara ya captura un buen sonido, es posible que no necesites comprar uno de inmediato.

4. Software de edición

Hoy en día, dispones de varias opciones de software de edición de video. Muchos optan por la aplicación gratuita iMovie en iPhone o Mac debido a lo fácil de usar, su carácter gratuito y su disponibilidad integrada en los ordenadores Mac. Sin embargo, si prefieres explorar otras alternativas o no tienes una Mac, hay otros programas que podrías considerar:

Aquí te presento algunos programas que puedes utilizar para editar tus videos:

1. **Adobe Premiere Pro**: Compatible con Windows y Mac, es muy popular entre los YouTubers, con suscripciones a partir de 21 $ al mes.
2. **Adobe Premiere Elements**: Disponible para Windows y Mac por un pago único de 99,99 $. Es más sencillo que Premiere Pro y adecuado para principiantes.
3. **CyberLink PowerDirector 365**: Compatible con Windows y Mac, con precios que empiezan en 29,99 $ al mes. Es fácil de usar pero también ofrece funciones avanzadas.
4. **Adobe Premiere Rush**: Disponible en Android e iOS, con costos mensuales que van de 9,99 $ a 52,99 $. Es ideal si grabas con un dispositivo Android.
5. **Vimeo**: Permite la edición de fotos, videos y otros elementos. Ofrece una versión gratuita y planes pagos a partir de 55 $ al mes.
6. **CapCut**: Un editor de video todo en uno con muchas funciones, disponible online de forma gratuita.

Si estás comenzando, te recomendaría empezar con CapCut, ya que es gratuito, fácil de usar y ofrece todas las funciones necesarias. Solo necesitas una conexión a Internet para comenzar a editar videos. Además, verifica si ya tienes un programa de edición en tu computadora que puedas utilizar. Busca en YouTube para ver tutoriales de otros creadores que utilicen el mismo software. Lo más importante es comenzar a crear videos, independientemente del programa de edición que elijas.

5. Computadora

Algunas personas optan por utilizar solo sus teléfonos para grabar y editar videos, pero tener una computadora o laptop tiene sus ventajas adicionales.

En primer lugar, es más cómodo trabajar con un teclado más grande para añadir títulos y descripciones, así como para editar videos en general. Además, una laptop permite utilizar la completa aplicación YouTube Studio para ajustar configuraciones de video y monetización de manera más eficiente. También es más potente a la hora de manejar la subida de videos largos y pesados, con archivos de gran tamaño. Lo bueno es que YouTube Studio es compatible tanto con Mac como con

PC, siempre que tengas acceso a Internet. Por lo tanto, cualquier computadora que elijas para editar videos también será útil para otras tareas en YouTube.

Muchos de los canales grandes de YouTube prefieren usar MacBook Pro para gestionar sus contenidos, pero también hay excelentes opciones para usuarios de PC como Microsoft Surface, HP y Dell, que son populares entre los creadores. Lo más importante al elegir una computadora para gestionar tu canal de YouTube es buscar un procesador rápido y potente. Si llega el momento de comprar una nueva, opta siempre por la que tenga el procesador más rápido que puedas permitirte, ya que un buen procesador no solo mejora el rendimiento en YouTube, sino en todas las tareas informáticas.

Si no estás familiarizado con las especificaciones de las computadoras, una buena opción es visitar una tienda de tecnología como Apple Store o Best Buy. Consulta con uno de los expertos sobre los equipos con los procesadores más rápidos; explícales que necesitas el equipo para edición y subida de videos. También puedes encontrar una amplia selección y ayuda en tiendas de suministros de oficina como Staples u OfficeMax.

6. Internet y Wi-Fi

Disponer de una conexión rápida a Internet es fundamental si deseas editar y subir videos con tu computadora. Si has escuchado a YouTubers hablar sobre las largas esperas para subir sus videos, probablemente se deba a una conexión pobre de Internet. Si todavía utilizas un viejo módem de acceso telefónico, es hora de considerar una nuevo equipo.

En la actualidad, la mayoría de las compañías de Internet ofrecen diferentes velocidades de conexión. Te recomiendo optar por la más rápida que puedas permitirte. El tiempo es dinero, por lo tanto, una conexión rápida a Internet es esencial para que tu canal de YouTube funcione eficientemente.

Si no tienes acceso a Internet en casa o encuentras dificultades para obtenerlo, puedes visitar lugares como bibliotecas u otros espacios con Wi-Fi gratuito. Para aquellos que utilizan sus iPhones para YouTube, muchas tareas pueden realizarse utilizando únicamente el servicio móvil. Incluso si tienes Internet rápido en casa, es útil tener un plan de datos móviles como respaldo para mantener la conexión si el Wi-Fi llegara a fallar.

7. Trípode

Los trípodes no son indispensables cuando comienzas a hacer vlogs. Puedes sostener la cámara o el teléfono con la mano mientras grabas, o improvisar usando libros, estanterías o cajas como soporte. Algunos kits de iluminación incluyen trípodes que puedes usar para tu cámara o teléfono. También existen pequeños trípodes con luces incorporadas que son ideales para filmar sobre la marcha.

Usar un trípode te ayuda a mantener estable tu dispositivo de grabación y te permite elegir el ángulo perfecto para tus videos. Si simplemente colocas la cámara sobre una mesa u otra superficie plana, puede resultar difícil conseguir el ángulo que deseas debido a posibles irregularidades en la superficie. Incluso con un trípode, a veces las mesas pueden vibrar o tambalearse. Mi recomendación es que al principio intentes grabar sin trípode para determinar si realmente lo necesitas. Si decides que sí, encontrarás una amplia variedad de trípodes en Internet, con precios que comienzan alrededor de los quince dólares. Sin embargo, te aconsejo invertir en uno con una base estable para garantizar la estabilidad de la cámara.

En resumen, elegir la cámara, el software de edición, la iluminación y el trípode adecuados puede parecer una tarea abrumadora. No obstante, comienza utilizando lo que tengas a mano y siempre podrás actualizar tu equipo a medida que avances en tu carrera en YouTube.

Lo más destacado de YouTube

- *Despacito*, en el canal de Luis Fonsi, es el video con más "me gusta" en YouTube con más de cincuenta millones y más de 8.000 millones de visualizaciones.
- El video con más "no me gusta" es *YouTube Rewind 2018*, con más de veinte millones de reacciones negativas.
- T-Series es el canal con más suscriptores en YouTube, con 263 millones de seguidores.
- Le sigue MrBeast, con 250 millones de suscriptores.
- Cocomelon es el tercer canal más popular, con 173 millones de suscriptores.
- *Baby Shark Dance* es el video más visto en YouTube, con catorce mil millones de visualizaciones.
- Las categorías más populares en YouTube incluyen comentarios, videos musicales, reseñas (productos, libros, películas, programas de TV, software, comida y videojuegos), tutoriales y comedia.

3. Consejos para filmar y hacer videos

Ahora que has elegido la cámara, la iluminación, el software de edición, la computadora y el trípode para tu canal de YouTube, es hora de pasar a los siguientes pasos. Hay otros aspectos que debes tener en cuenta para gestionar un canal de YouTube; aunque no sean costosos, son igualmente importantes. La única forma de aprenderlos es a través del ensayo y error. Tus primeros intentos de hacer un video no serán perfectos, pero te enseñarán mucho.

1. Calidad

La calidad del video en YouTube afecta significativamente la participación del espectador y la percepción que ellos se hacen de tu contenido. La calidad se refiere a la resolución y claridad de tu video, y es determinada por el número de píxeles que se muestran en la pantalla. Cuanto mayor sea la resolución, más detallado y claro se verá tu video.

Los dispositivos modernos, como los iPhones, te permiten grabar en varias resoluciones:

1. 720p (HD): 1280x720 píxeles. Es adecuada para subidas rápidas pero menos nítidas.
2. 1080p (Full HD): 1920x1080 píxeles. Ofrece una calidad significativamente mejor y es ideal para uso general.
3. 4K (Ultra HD): 3840x2160 píxeles. Proporciona una claridad y detalle superiores, siendo la mejor opción para videos de calidad profesional.

Aunque 4K ofrece la máxima calidad de video, no siempre es necesario para todos los creadores de YouTube, especialmente si estás empezando. Para los principiantes, a menudo se recomienda grabar en 1080p (Full HD). Esta resolución consigue un excelente equilibrio entre calidad y facilidad de manejo, sobre todo en lo que se refiere a los requisitos de edición y almacenamiento.

1080p es menos exigente con el hardware y no requiere tanto espacio de almacenamiento como 4K, por lo que es una opción práctica para quienes no tengan acceso a herramientas de edición avanzadas o a un equipo informático robusto. Este enfoque permite a los nuevos creadores centrarse más en la creación de contenidos que en los retos técnicos.

Dato curioso: MrBeast ha filmado todos sus videos en 1080p y ha conseguido cientos de millones de visualizaciones. Ha optado deliberadamente por no filmar en una resolución mayor para mantener una estética y sensación específicas en sus videos.

2. Una mano firme

¡No hay nada peor que ver un video tembloroso! Utilizar un soporte o un trípode puede ser de gran ayuda. Si grabas con tu teléfono, te recomiendo que te hagas con un soporte que se sujete a él.

Cuando coloques la cámara para grabar un video sentado, asegúrate de que esté sobre una superficie plana y estable. No debe moverse mientras grabas. Además, es importante que la cámara esté a la altura de los ojos. Puedes hacerlo colocando el teléfono sobre una pila de libros, por ejemplo.

Siempre que grabes, especialmente con el teléfono, ten cuidado con dónde colocas los dedos. Si pones el dedo demasiado cerca del objetivo de la cámara, la imagen saldrá borrosa. Todos hemos visto videos en los que la persona accidentalmente mete los dedos en el video mientras graba con su teléfono. Un simple error como este puede arruinar un video, aunque el contenido sea bueno.

3. Iluminación

Lograr la iluminación adecuada es uno de los mayores retos para muchos creadores de contenido de YouTube. La luz natural, ya sea exterior o a través de una ventana, puede hacer que tus videos se vean geniales. Sin embargo, algunos creadores prefieren usar luces más profesionales, como los anillos de luz. Estos pueden variar en tamaño, desde pequeños anillos que puedes acoplar a tu iPhone hasta grandes que ocupan más espacio.

Si vas a grabar en exteriores, te recomiendo aprovechar la luz del sol. Si filmas en interiores, la iluminación existente a menudo puede ser suficiente. Tanto si decides invertir en luces adicionales como si utilizas las que ya tienes, una buena iluminación es determinante a la hora de hacer crecer tu canal. Asegúrate siempre de que la luz esté frente a ti, no detrás, para que ilumine tu rostro en lugar de crear sombras.

Aunque la mayoría de las cámaras y teléfonos tienen una opción de flash para iluminar tu entorno, no siempre es la mejor opción, ya que puede hacer que las cosas parezcan extrañas y poco naturales; por ejemplo, los ojos pueden parecer rojos con el flash activado.

4. Voz y volumen

Un problema común entre los nuevos creadores de YouTube es el bajo volumen de sus videos, lo que dificulta que sus espectadores los escuchen. Al grabar, recuerda hablar alto y claro. No necesitas gritar, pero asegúrate de que tus espectadores puedan oírte bien.

Te recomiendo que inviertas en un micrófono externo para mejorar la calidad del sonido. Aunque los espectadores pueden tolerar imágenes de menor calidad, suelen ser menos indulgentes con un sonido deficiente. Un sonido de baja calidad puede hacer que la experiencia de visualización sea desagradable y llevar a los espectadores a abandonar el video. Puedes encontrar opciones asequibles, como un micrófono básico que se conecte a tu iPhone mediante un cable a partir de unos 20 $ en Amazon.

Además, intenta no hablar ni demasiado rápido ni demasiado lento. Si hablas muy rápido, la gente puede tener problemas para entenderte. Así que, siempre que hagas un video, recuerda hablar con claridad y asegurarte de que cada palabra sea fácil de comprender.

Asegúrate de que no haya ruido de fondo (como música o televisión) cuando estés grabando. No solo puede dificultar que tus espectadores te oigan, sino que la música suele estar protegida por derechos de autor, lo que te impedirá monetizar tus videos.

Si estás grabando en el exterior o en un lugar público, intenta mantener el micrófono cerca de la boca cuando hables para que tus espectadores puedan oírte mejor. Si hay demasiado ruido como para hablar mientras grabas, puedes grabar primero el video y añadir luego tu voz durante la edición.

Cuando grabes en casa, pon el teléfono en silencio y elige una habitación tranquila con la puerta cerrada. Informa a las personas con las que vives que estás grabando y pídeles que no hagan ruido ni te interrumpan. Si tienes mascotas ruidosas, es una buena idea mantenerlas en otra habitación mientras grabas. Las mascotas pueden ser tan distrayentes como los niños cuando intentas grabar. Te recomiendo grabar cuando estén durmiendo.

Si eres un padre que se queda en casa, quizá prefieras grabar cuando tus hijos estén en la escuela. De este modo, hay menos distracciones, puedes terminar de grabar más rápido y puedes dedicar más tiempo a tu familia y a tus mascotas.

Cuando estés haciendo un vlog, ten cuidado de no tapar el micrófono accidentalmente con la mano. Además, recuerda que la mayoría de la música que oyes en las tiendas o en las atracciones turísticas tiene derechos de autor. Esto significa que no podrás monetizar los videos en los que se oiga música de fondo. En su lugar, puede que tengas que hacer una voz en off (voz superpuesta) más adelante o utilizar música con licencia libre.

La parte más complicada del vlogging es asegurarte de que no haya música protegida por derechos de autor en tus videos. Es frustrante dedicar tiempo al vlogging y descubrir después que YouTube ha puesto un bloqueo de derechos de autor en tu video por la música de fondo. Aunque la gente pueda seguir viendo tu video, no ganarás dinero con los anuncios de AdSense. Si por accidente tienes música protegida por derechos de autor en tu video, YouTube la marcará durante el proceso de subida y te sugerirá que la reduzcas o la elimines del video. Esto puede llevarte uno o dos días arreglar, pero puede salvar el video que tanto te ha costado hacer sin tener que rehacerlo desde el principio.

Como ya hemos dicho, cuando grabes es importante que hables con claridad. Recuerda que estás haciendo videos para personas de todo el mundo con el objetivo de que disfruten lo que están viendo, así que asegúrate de hablar alto y claro. Intenta no usar tantas muletillas. Sé que es más fácil decirlo que hacerlo y que al principio lo harás mucho, pero es algo común por lo que todo YouTuber pasa. Una de las ventajas de los programas de edición es que te permiten eliminar sin problemas cualquier titubeo, como los "um" y los "ah", garantizando una presentación más fluida y profesional.

Por último, piensa en eliminar los estornudos y la tos de tus videos. Es bueno tener agua cerca para mantenerte hidratado y hablar con claridad mientras grabas. El bálsamo labial también puede evitar que se te resequen los labios, lo que podría influir en tu forma de hablar.

5. Fondo

Los videos de YouTube con fondos elegantes captan más la atención que aquellos con ambientes desordenados. No necesitas gastar mucho para lograr un fondo perfecto, pero es vital grabar en un espacio ordenado y con un fondo simple.

Si tienes una oficina en casa, te sugiero crear un área dedicada exclusivamente para grabar videos. Puedes decorar con estanterías o cambiar la decoración según la temporada, siempre manteniendo el orden.

Es importante también que el fondo de tus videos complementen el tema principal de tu video. Por ejemplo, si vendes libros en Amazon, una estantería bien organizada sería ideal. En cambio, para videos de cocina, un fondo con artículos de cocina resultaría genial. Y si estás haciendo un tutorial, asegúrate de que el fondo esté limpio y organizado para evitar distracciones.

En el caso de vlogs personales, no es necesario preocuparse demasiado por el fondo, pero aún así debes ser consciente de lo que aparece detrás de ti para mantener la atención de los espectadores en tu contenido. Evita grabar a otras personas, especialmente desconocidos, y nunca muestres sus caras sin su permiso explícito.

Muchos YouTubers optan por fondos atractivos que reflejan su estilo y contenido. Algunos prefieren grabar con su cama decorada con luces, creando un ambiente acogedor, mientras que otros eligen estanterías minimalistas o espacios bien decorados como cocinas o salones. La elección del fondo debe coincidir siempre con el tema del video; por ejemplo, para videos de jardinería, grabar al aire libre es preferible que hacerlo en una cocina.

Si no estás seguro de qué fondo usar, una pared lisa con buena iluminación natural es siempre una opción segura. Si la habitación está poco amueblada, verifica el sonido para evitar eco. Colocar una alfombra en el suelo puede ayudar a absorber sonidos no deseados.

Si consideras YouTube como un negocio serio y buscas generar ingresos, es recomendable crear un espacio dedicado y bien iluminado para grabar. Sin embargo, si recién comienzas, no te preocupes demasiado y adapta lo que tienes disponible.

Muchos de los YouTubers más exitosos empezaron grabando en entornos simples como sus habitaciones o incluso desde sus coches. Utiliza lo que tienes a la mano y mejora a medida que avances en tu carrera en YouTube.

6. Ángulo

Determinar el ángulo adecuado para lucir mejor en cámara puede ser todo un desafío. Muchos de nosotros tenemos un "lado bueno" que preferimos mostrar en fotos, pero los videos son dinámicos y requieren consideraciones adicionales. Aquí te doy algunos consejos para mejorar tus tomas:

Es fundamental que la cámara te capture directamente y ligeramente desde arriba para evitar que se destaquen las áreas debajo del mentón.

Encontrar el ángulo perfecto es un reto común para los YouTubers. Puedes probar diferentes trípodes, pero algunos pueden ser inestables. Te recomiendo invertir en uno más robusto para mantener tu teléfono estable, especialmente si tiene un anillo de luz incorporado. Si no dispones de uno, una pila de libros también puede ser una solución práctica.

Si prefieres no aparecer en el video, concéntrate en lo que estás grabando en lugar de en tu apariencia. Por ejemplo, en videos de cocina, asegúrate de que la cámara enfoque claramente lo que estás preparando. Puedes usar un trípode para mantener la cámara fija o pedir ayuda a alguien para sostenerla mientras cocinas.

Cuando el video muestra primeros planos de tus manos, asegúrate de que tus uñas estén limpias y bien cuidadas, ya que unas uñas sucias pueden resultar incómodas para los espectadores. Si tus manos aparecen con frecuencia, considera una manicura profesional, que además puede ser deducible de impuestos como gasto empresarial. También es importante vestir ropa limpia para mantener una apariencia pulcra frente a la cámara.

No te preocupes si tus primeros videos no son perfectos. Mejorar tu técnica requiere práctica. Experimenta con diferentes ángulos hasta encontrar el que mejor funcione para ti y tu contenido.

7. Apariencia personal

Cuando creas contenido para YouTube, es necesario cuidar tu apariencia para transmitir una imagen profesional. No hace falta recurrir a peinados elaborados ni maquillaje profesional, pero es fundamental lucir limpio y ordenado para presentarte de la mejor manera posible. Evita fumar o mascar chicle durante la filmación y sé consciente de tu lenguaje: el uso de lenguaje inapropiado puede alejar a los espectadores y llevar a YouTube a desmonetizar tus videos.

Asegúrate de que el área donde grabas esté limpia y ordenada, ya que una habitación desordenada puede distraer a tu audiencia.

Mantener unas uñas limpias es especialmente importante si tus manos aparecen de cerca en los videos. Siempre procura tener un aspecto pulcro y bien arreglado, como si te estuvieras preparando para una ocasión especial. Recuerda que estás intentando conectar con tu audiencia y es esencial cuidar tu apariencia personal.

8. Previsualización

A lo largo de los años, he visto una variedad de videos en YouTube que presentan problemas como poca iluminación, falta de sonido, o incluso estar grabados de manera inestable o invertidos. Antes de compartir tus videos con el mundo, asegúrate de hacer una previsualización para garantizar que se vean correctamente. Publica solo aquellos videos que te gustaría a ti mismo ver. No es necesario que tengan el nivel de una producción de Hollywood, pero sí deben ser claros y estables.

Es esencial rehacer cualquier video de baja calidad. Aunque pueda ser frustrante tener que rehacer un video, es preferible hacerlo bien desde el principio que arriesgarse a perder suscriptores por un contenido mal elaborado. Recuerda que tu objetivo es ofrecer el mejor contenido posible y la práctica continuada te ayudará a mejorar constantemente.

9. La regla de los 100 videos

Ahora que hemos cubierto todos los aspectos básicos para filmar y hacer videos, el siguiente paso es estudiar otros videos de YouTube, practicar creando nuevos contenidos y esforzarse por superarse en cada producción. Para esto, no hay mejor maestro que la experiencia y una excelente estrategia para adquirirla es seguir la regla de los 100.

El objetivo es crear 100 videos mientras te enfocas en mejorar un elemento específico en cada uno. Puedes centrarte en aspectos como la calidad visual y sonora, la narración, la edición, entre otros. Este enfoque te permite aprender y crecer mientras tu audiencia aún es pequeña, lo que te da margen para corregir errores y mejorar sin presión.

Aquí tienes algunas áreas clave en las que puedes trabajar y mejorar con cada nuevo video que hagas:

• **Calidad visual:** Experimenta con diferentes dispositivos, ajustes y resoluciones para encontrar lo que mejor funcione para tu contenido y tu audiencia.

• **Audio:** Prueba distintos micrófonos y técnicas de edición para lograr un sonido claro y nítido.

• **Iluminación:** Juega con diferentes fuentes de luz y configuraciones para mejorar la calidad visual de tus videos.

• **Edición:** Practica técnicas de montaje, efectos visuales y sonoros para hacer tus videos más atractivos y mantener la atención de tus espectadores.

• **Miniaturas:** Crea miniaturas atractivas que capte la atención de los espectadores y los motive a hacer clic en tus videos.

• **SEO:** Optimiza tus títulos, descripciones y etiquetas con palabras clave relevantes para mejorar la visibilidad de tus videos en los motores de búsqueda de YouTube.

• **Narración:** Experimenta con diferentes estilos de narración para contar historias que enganchen a tu audiencia.

• **Llamadas de acción:** Utiliza llamadas de acción efectivas para fomentar la interacción de los espectadores con tu canal.

• **Colaboraciones:** Explora oportunidades para colaborar con otros YouTubers afines y ampliar tu alcance.

• **Análisis:** Utiliza las analíticas de tu canal para comprender mejor qué contenido resuena más con tu audiencia y ajusta tus estrategias según sea necesario.

Al enfocarte en un elemento por video, gradualmente mejorarás la calidad general de tu canal de YouTube. Recuerda que el objetivo no es ser el mejor, sino hacer cada video lo mejor posible. A medida que perfecciones tus habilidades, atraerás más espectadores, suscriptores y oportunidades de monetización. Antes de crear cada nuevo video, pregúntate siempre: ¿cómo puedo hacer este mejor que el anterior?

PREMIOS PARA CREADORES DE YOUTUBE

- Premio Creador Plata: Se otorga a los canales que alcanzan los 100.000 suscriptores.
- Premio Creador Oro: Se otorga a los canales que alcanzan 1 millón de suscriptores.
- Premio Creador Diamante: Se otorga a los canales que alcanzan los 10 millones de suscriptores.
- Premio Creador Diamante Rojo: Se otorga a los canales que alcanzan los 100 millones de suscriptores.

4. Estrategias avanzadas de contenido

Creación de contenido atractivo en YouTube

Si tuvieras que resumir YouTube en pocas palabras, se trata de lograr que la gente haga clic en tus videos, captar a los espectadores desde el inicio y mantener su interés hasta el final. Los altos índices de retención indican a YouTube que tu contenido es atractivo, lo que motiva al algoritmo a mostrárselo a más personas. Desde un punto de vista empresarial, YouTube se beneficia de los anunciantes que pagan para que sus anuncios sean vistos por más personas. Cuanto más tiempo permanezcan los espectadores en la plataforma, más anuncios verán. En consecuencia, YouTube prefiere los videos que retienen la atención del espectador durante más tiempo, ya que incrementan el número de visualizaciones de anuncios y el potencial de ingresos. Aquí tienes algunos consejos para crear contenido atractivo en YouTube:

1. Empieza con un enganche convincente

Comienza tu video con un sólido anzuelo que capte inmediatamente la atención del espectador en los primeros segundos. Deberías dedicar aproximadamente el 25% del tiempo total de creación del video sólo a esta sección. ¡Sí, es así de importante! Si a la gente no le gusta los primeros segundos de tu video, no verá el resto. El anzuelo no solo debe intrigar, sino también confirmar las expectativas creadas por tu miniatura y tu título. Esta congruencia asegura que los espectadores sepan exactamente lo que obtendrán, aumentando significativamente la probabilidad de que vean el video hasta el final. Evita los estilos de introducción anticuados, como las largas presentaciones de canales que no ofrecen ningún valor inmediato, por ejemplo: "Hola chicos, soy Ana, ¡bienvenidos de nuevo a mi canal!" En lugar de eso, salta directamente al contenido o empieza con un dinámico abrebocas de lo que está por venir, haciendo que el espectador se sienta intrigado y desee seguir viendo.

2. Mantén un ritmo constante

Editar tu video para mantener un ritmo constante y atractivo es crucial. Elimina los segmentos que se alarguen o que no sean esenciales para el mensaje o la historia principal, ya que pueden hacer que los espectadores pierdan el interés. Aunque los estilos de edición pueden variar significativamente entre distintos nichos, algunos principios universales se aplican a todos los canales. Edita siempre pensando en el espectador, teniendo en cuenta lo que gana con cada segmento del video. Pregúntate: ¿Aporta valor el contenido? ¿Es entretenido? ¿Hay partes que podrían provocar aburrimiento?

Una estrategia eficaz es revisar tu video antes de publicarlo y observar los puntos en los que decae tu interés; mejor aún, haz que un familiar o amigo lo vea para identificar dónde se desvía su atención. Esta información es muy valiosa para garantizar que cada parte de tu video contribuya positivamente a la participación del espectador.

3. Incluye llamadas de acción

Anima a los espectadores a interactuar con tu video pidiéndoles que den "me gusta", comenten y se suscriban. MrBeast, por ejemplo, sigue pidiendo a la gente que se suscriba al final de cada uno de sus videos, lo que ha demostrado ser una estrategia eficaz para aumentar la participación y el número de suscriptores.

4. Integra elementos interactivos

Aumenta la participación de los espectadores incluyendo elementos interactivos en tus videos. Pide a los espectadores que respondan a una pregunta en los comentarios o que compartan sus opiniones sobre el tema tratado en el video. Esto no solo aumenta la participación, sino que también crea una comunidad en torno a tu contenido.

Si te centras en estos elementos, podrás crear videos de YouTube más atractivos y eficaces, con más probabilidades de ser vistos y compartidos.

Centrarse en conceptos de video únicos

La clave del éxito en un canal de YouTube radica en la creación de contenido único. Tus ideas para los videos deben ofrecer algo nuevo o proporcionar una perspectiva novedosa sobre temas conocidos. La innovación capta la atención tanto del algoritmo de YouTube como de los potenciales espectadores.

Muchos novatos en YouTube pasan por alto este paso y se limitan a crear la primera idea de video que les viene a la mente. Un enfoque más eficaz es dedicar tiempo a un proceso de ideación más profundo. Siéntate con un bolígrafo y papel (o un documento de Word en blanco) y anota 100 ideas. Este proceso te obliga a pensar más allá de lo obvio y a considerar ángulos más diversos y creativos.

Consejo: ¡Utiliza ChatGPT para generar nuevas ideas para videos! Indícale que eres un YouTuber enfocado en un nicho específico, como la jardinería o las reseñas tecnológicas, y comparte algunas de tus ideas de video existentes para darle contexto. Luego, pídele que te sugiera diez nuevas ideas. Si necesitas más sugerencias después de la primera tanda, puedes volver a pedírselo. Este enfoque ayuda a mantener las ideas frescas y a evitar la repetición.

Una vez que hayas recopilado tu lista de ideas para videos, evalúa cuidadosamente cada una en función de tres criterios clave: singularidad, viabilidad y atractivo para tu público objetivo. Identifica las ideas más originales y aquellas con mayor probabilidad de atraer a los espectadores y motivarlos a reproducir tu material. Tras seleccionar la mejor idea de tu lista, es hora de empezar a crear y producir tu video.

Prueba y perfecciona: A medida que crees videos basados en estos conceptos, monitorea su desempeño en términos de participación y comentarios de los espectadores. Estas pruebas en el mundo real te proporcionarán información valiosa que te permitirá perfeccionar tu enfoque.

Crear contenido que destaque tiene más probabilidades de ser compartido por los mismos espectadores, aumentando tu alcance y atrayendo a un público más amplio. MrBeast y Ryan Trahan son ejemplos sobresalientes en este aspecto. No importa en qué nicho estés, todos podemos aprender mucho observando a las estrellas que están en la cima. Analicemos algunos de sus videos para obtener inspiración y mejorar nuestras propias estrategias.

I Survived 50 Hours In A Maximum Security Prison

241M views • 2 years ago

I Tested 1-Star Theme Parks

18M views • 4 months ago

I Went Back To 1st Grade For A Day

211M views • 5 years ago

I Tested 1-Star Hotels

22M views • 6 months ago

I Tested 1-Star Camping

14M views • 3 months ago

I Searched 100 Dumpsters, Here's What I Found

195M views • 4 years ago

Spending 24 Hours On Top Of A Mountain

198M views • 4 years ago

I Survived in "2nd Person"

4.8M views • 1 year ago

I Tested 1-Star Drive Thrus

10M views · 3 weeks ago

I Spent 50 Hours In Solitary Confinement

314M views · 3 years ago

I Built Willy Wonka's Chocolate Factory!

293M views · 1 year ago

I Played 50 Years of Video Games

5.6M views · 6 months ago

I Survived 50 Hours in Apple Vision Pro

16M views · 2 months ago

I Spent 50 Hours Buried Alive

317M views · 3 years ago

I Survived 50 Hours In Antarctica

189M views · 1 year ago

I Tested 1-Star Hotels (again)

4.1M views · 1 day ago

MrBeast

- I Survived 50 Hours in a Maximum Security Prison (Sobreviví 50 horas en una prisión de máxima seguridad)
- I Went Back to 1st Grade for a Day (Volví al 1er grado de primaria por un día)
- I Searched 100 Dumpsters, Here's What I Found (Hurgué en 100 basureros, esto es lo que encontré)
- I Spent 50 Hours in Solitary Confinement (Pasé 50 horas en confinamiento solitario)
- I Built Willy Wonka's Chocolate Factory! (¡Construí la fábrica de chocolate de Willy Wonka!)
- I Spent 50 Hours Buried Alive (Pasé 50 horas enterrado vivo)
- Spending 24 Hours on Top of a Mountain (Pasando 24 horas en la cima de una montaña)
- I Survived 50 Hours in Antarctica (Sobreviví 50 horas en la Antártida)

Ryan Trahan

- I Tested 1-Star Theme Parks (Probé parques temáticos de 1 estrella)
- I Played 50 Years of Video Games (Jugué 50 años de videojuegos)
- I Tested 1-Star Hotels (Probé hoteles de 1 estrella)
- I Survived 50 Hours in Apple Vision Pro (Sobreviví 50 horas con Apple Vision Pro)
- I Tested 1-Star Camping (Probé un camping de 1 estrella)
- I Tried 1-Star Drive Thru (Probé un autoservicio de 1 estrella)
- I Survived in "2nd Person" (Sobreviví en "segunda persona")
- I Tested 1-Star Hotels (again) (Probé hoteles de 1 estrella (otra vez))

Los títulos de los videos tanto de MrBeast como de Ryan Trahan dan una idea de cómo crear contenidos que captan la atención y despiertan curiosidad al mismo tiempo. Desglosemos los elementos que hacen que estos títulos sean buenos:

Intriga y desafío: Los títulos de MrBeast, como "Sobreviví 50 horas en una prisión de máxima seguridad" y "Pasé 50 horas enterrado vivo", captan inmediatamente la atención del espectador al sugerir una narrativa de resistencia y supervivencia. Estos títulos prometen al público una experiencia intensa y emocionante. El uso de la palabra "sobreviví" destaca el reto y el peligro, lo que resulta muy convincente para los espectadores.

Escenarios únicos: Títulos como "Volví al 1er grado de primaria por un día" y "¡Construí la fábrica de chocolate de Willy Wonka!" ofrecen una mezcla de nostalgia y fantasía que probablemente atraiga clics de un amplio grupo demográfico. Estos videos sugieren no sólo entretenimiento, sino también un divertido regreso a las maravillas de la infancia, apelando a la imaginación y a los recuerdos de los espectadores.

Exploración y descubrimiento: El uso de títulos como "Probé parques temáticos de 1 estrella" por Ryan Trahan y "Hurgé en 100 basureros, esto es lo que encontré" por MrBeast sugiere un elemento de exploración y lo inesperado. Estos títulos aluden a la revelación de aspectos ocultos de las cosas cotidianas, satisfaciendo la curiosidad de los espectadores sobre partes del mundo que no son perfectas o que se pasan por alto.

Relación y compromiso: Títulos como "Jugué 50 años de videojuegos" conectan con públicos específicos (como los jugadores) al cubrir una amplia gama de contenidos que abarcan generaciones. Esto no sólo apela a la nostalgia, sino que también ofrece una perspectiva histórica que puede atraer a un público más reflexivo.

Desafío y prueba de límites: Títulos como "Probé un autoservicio de 1 estrella" o "Probé hoteles de 1 estrella" juegan con el interés de la audiencia por las críticas y los peores escenarios. Preparan el terreno para el humor, las sorpresas y, a veces, el contenido educativo sobre lo que constituye un mal servicio o calidad deficiente, lo cual puede ser entretenido e informativo a la vez.

Para transformar una idea de video en un buen título, sigue un enfoque estructurado que se centre en la claridad, el atractivo y la optimización SEO. Aquí te mostramos cómo desarrollar una idea de video para convertirla en un título que capte la atención:

1. Empieza con una idea central:

Comienza con un concepto amplio que quieras explorar en tu video. Por ejemplo, la idea central podría ser pasar un día con una persona que ha vivido más de un siglo para descubrir sus experiencias, hábitos diarios y sabiduría.

2. Afina tu enfoque:

Reduce tu idea central a algo más específico que incluya un ángulo o atractivo único. En este caso, enfócate en capturar las rutinas, historias y conocimientos históricos de la persona centenaria, ofreciendo a los espectadores una visión única de épocas pasadas y lecciones para una vida larga.

3. Piensa en tu público:

Considera qué aspectos de esta idea resultarán más intrigantes para tu audiencia. ¿Les interesa la historia, las lecciones de vida, los secretos de longevidad o el contenido inspirador? Esto te ayudará a enfatizar aspectos como los cambios históricos que ha presenciado el centenario o sus consejos para una vida saludable y plena.

4. Redacta posibles títulos:

Genera varios títulos que capturen la esencia de tu video y atraigan a la audiencia. Aquí tienes algunos ejemplos:

"Un siglo de secretos: Un día con una persona de 100 años"

"Historia viva: Perspectivas de la vida de un centenario"

"100 años de sabiduría: Lecciones de un día con un centenario"

5. Optimiza para SEO (*Search Engine Optimization*, u Optimización para Motores de Búsqueda en español):

Integra palabras clave relevantes para el contenido que tu público objetivo busca con frecuencia. Para este video, palabras clave como "centenario", "lecciones de vida", "historia personal" y "longevidad" serían adecuadas.

6. Selecciona el título más atractivo:

Escoge el título que mejor refleje el contenido del video y que también invite a los espectadores a hacer clic. Por ejemplo, "100 años de sabiduría: Lecciones de un día con un centenario" resalta de manera efectiva la singularidad del contenido y promete tanto conocimiento histórico como valiosas lecciones de vida.

7. Finaliza y adapta según los comentarios:

Una vez seleccionado el título, mantente preparado para ajustarlo o modificarlo según los comentarios recibidos y desempeño inicial. Monitorea cómo responde la audiencia y considera realizar ajustes si el título inicial no genera suficiente interés.

Ejecución de la idea

Encuentra a un centenario: Busca en comunidades locales, residencias de ancianos o utiliza redes sociales para encontrar a alguien de 100 años o más que esté dispuesto a compartir su historia.

Planifica el día: Organiza tu tiempo para pasar un día con esta persona, capturando momentos desde su rutina matutina hasta la hora de acostarse. Incluye comidas, actividades recreativas y cualquier afición especial que pueda tener.

Entrevistas segmentadas: Alterna las actividades del día con segmentos de entrevista donde explores los hitos de su vida, los cambios que ha presenciado y los consejos que desea transmitir a generaciones más jóvenes.

Contexto histórico: Mientras hablan de su pasado, incorpora imágenes de archivo o fotos que complementen su historia, ofreciendo a los espectadores una visual de las épocas que describe.

Las miniaturas son esenciales ya que actúan como carteles publicitarios de tus videos. Deben captar la atención del espectador y motivarlo a hacer clic. Las mejores miniaturas comparten características clave:

- Colores brillantes y de alto contraste.
- Texto claro y legible, si este se usa.
- Una imagen que represente fielmente el contenido del video.
- Caras expresivas o elementos visuales intrigantes que cuenten una historia.

Piensa en cada miniatura como una presentación visual para tus potenciales espectadores. Haz que cada detalle cuente.

Revisión y adaptación

Es fundamental revisar regularmente las analíticas de YouTube para comprender qué está funcionando y qué no. Estos datos son invaluables para perfeccionar tu enfoque y estrategia de contenidos. Presta atención a:

- ¿Qué videos tienen las tasas de retención más altas?
- ¿Qué características comunes puedes identificar en tus videos con mejor rendimiento?
- ¿Cómo afectan los cambios en la producción de tus videos en la participación de los espectadores y al aumento de suscriptores?

Observar las estrategias de YouTubers exitosos como MrBeast y Ryan Trahan puede revelar tácticas valiosas. Ambos creadores son conocidos por identificar formatos de video exitosos y replicarlos sistemáticamente para captar a su audiencia. Por ejemplo, Ryan Trahan aprovechó la popularidad de su serie "Probé un/una xxx de una estrella..." produciendo múltiples episodios, al reconocer que este tema resonaba bien entre sus espectadores. Del mismo modo, MrBeast encontró éxito en sus desafíos de "50 horas" y expandió este concepto con variaciones como "Sobreviví 50 horas en una prisión de máxima seguridad" y "Pasé 50 horas en confinamiento solitario".

Esta estrategia de duplicar lo que funciona elimina la necesidad de empezar desde cero constantemente y permite basarse en éxitos probados. Además, adaptar y combinar conceptos exitosos de otros, conocido como trendjacking, es una forma inteligente de conectarse con las tendencias actuales y los intereses del público. El video de Ryan Trahan "Sobreviví 50 horas en Apple Vision Pro" es un ejemplo perfecto que combina un tema de actualidad con un formato de video probado para captar el interés del espectador.

5. Temática y contenido de tu canal

Cuando comencé en YouTube, no sabía que era posible ganar dinero con ello. Me encantaba conectar y compartir consejos con otros vendedores como yo, lo cual me ayudó mucho con mi negocio online. Al principio, me costaba encontrar soluciones para mi negocio, pero los videos de YouTube me ayudaron a adaptarlo y mejorarlo.

Más tarde, descubrí que también se podía monetizar en YouTube. La plataforma seguía siendo un lugar que disfrutaba, ¡y aún mejor si podía ganar dinero! Sin embargo, como mencioné en la introducción, al principio me costó encontrar el tipo de contenido que quería crear. Probé muchos temas diferentes, pero cambiar mi contenido con frecuencia y no mantener un calendario de publicación regular confundió al algoritmo de YouTube. Como resultado, YouTube no mostraba mis videos y solo les ponía anuncios de bajo costo.

Afortunadamente, tú no tienes por qué cometer los mismos errores que yo. He aprendido, a veces de manera difícil, qué funciona y qué no. Este libro es mi manera de compartir ese conocimiento contigo. Por supuesto, seguirás cometiendo errores, especialmente al crear contenido original y único, ¡pero no te preocupes! ¡Todos cometemos errores! Cada error es una oportunidad para aprender. Por suerte, muchos otros creadores ya han pasado por este camino y han dejado lecciones valiosas de las que puedes aprender.

¿Cuál es la mayor lección que he aprendido? **Descubrir cuál es el tema central de mi canal y mantenerme fiel a él.**

Mezclar distintos tipos de videos no funciona. Es fundamental que sepas exactamente de qué trata tu canal si quieres atraer a más espectadores y ganar dinero. Si deseas hacer videos completamente diferentes a los que comenzaste a hacer, considera abrir otro canal.

Esto no significa que no puedas diversificarte dentro de tu canal. Solo significa que todos los videos deben girar en torno al mismo **tema principal**. Por ejemplo, si tienes un canal dedicado a la enseñanza de idiomas, puedes hacer videos sobre gramática, vocabulario, historias, conversaciones, etc. Puedes producir diferentes estilos de videos siempre y cuando el tema central siga siendo la enseñanza de ese idioma.

Si deseas abordar temas diferentes, es recomendable tener canales separados para cada uno de ellos. Seguramente te habrás dado cuenta de que algunos YouTubers tienen un canal para vlogs y otro para videos más elaborados. Otros se centran en un tema específico en un canal, como fitness o comida, y abordan algo totalmente distinto en otro canal, como moda o consejos de organización. Por ejemplo, MrBeast tiene cinco canales separados: su canal principal, uno para filantropía, uno para juegos, uno para reacciones y uno de respaldo del canal principal. Puedes hablar de diversos temas en YouTube, pero es mejor hacerlo en canales separados.

Diferentes temas equivalen a diferentes audiencias y esto se traduce en diferentes canales de YouTube.

Beast Philanthropy
23.3M subscribers

Subscribe

MrBeast Gaming
42.9M subscribers

Subscribe

Beast Reacts
33.1M subscribers

Subscribe

MrBeast 2
39.7M subscribers

Subscribe

Canales de YouTube de MrBeast además del principal.

Para elegir una categoría para tu video, sigue estos pasos:

1. Accede a tu cuenta de YouTube.
2. Haz clic en el ícono de tu perfil.
3. Selecciona **YouTube Studio**.
4. Haz clic en **Contenido** en la barra lateral izquierda para ver tus videos. Si deseas que cada video esté en una categoría diferente, deberás hacerlo uno por uno.
5. Marca la casilla a la izquierda del video que quieres categorizar.
6. Haz clic en **Editar** en la parte superior.
7. Selecciona **Categoría** en el menú desplegable y elige la categoría deseada de la lista. Si quieres que todos tus videos estén en la misma categoría, selecciónalos todos y haz clic en **Editar**, luego elige **Categoría** en el menú y selecciona la categoría deseada.
8. Haz clic en **ACTUALIZAR VIDEOS** para guardar los cambios, ya sean en videos individuales o en todos ellos.

Las 15 categorías de YouTube

Aquí tienes las quince categorías disponibles para tu canal de YouTube y tus videos. Elige la que mejor se adapte a tu contenido:

1. **Cine y animación:** Trailers de películas, películas completas, videos detrás de cámaras y cualquier cosa relacionada con el cine.
2. **Coches y vehículos:** Reseñas, anuncios y vlogs sobre coches y otros tipos de vehículos.

3. **Música:** videos musicales y vlogs de conciertos.
4. **Mascotas y animales:** Contenido educativo sobre mascotas y animales, y vlogs sobre ellos.
5. **Deportes:** Entrevistas con deportistas, cobertura de eventos deportivos y recopilaciones relacionadas con los
6. **Viajes y eventos:** Vlogs sobre vacaciones, festivales y consejos de viaje.
7. **Juegos:** videos sobre videojuegos.
8. **Gente y blogs:** Cubre una amplia gama de temas como paternidad, belleza, salud y fitness.
9. **Comedia:** Chistes y bromas.
10. **Entretenimiento:** Televisión, celebridades y chismes.
11. **Noticias y política:** Actualidad.
12. **Cómo se hace y estilo:** Tutoriales, moda, organización y hogar.
13. **Educación:** Educación en casa, enseñanza, conferencias e historia.
14. **Ciencia y tecnología:** Espacio, nuevos inventos y contenidos educativos.
15. **Sin fines de lucro y activismo:** Causas sociales.

Cuando comienzas en YouTube, lo mejor es limitarte a un solo canal y enfocarte en un solo tipo de contenido, especialmente uno que disfrutes, te divierta y con el que puedas mantenerte a lo largo del tiempo. Esto te permite mejorar en la gestión de tu canal y aprender profundamente sobre el tema que te interesa. Aunque algunas personas tienen la suerte de que su primer video se vuelva viral, la mayoría tarda en ganar tracción. No esperes pasar de cero a ser famoso en Internet de la noche a la mañana; es un proceso gradual, como una bola de nieve que se va formando lentamente.

Es posible que comiences tu canal con videos sobre un tema y luego te des cuenta de que no te gusta tanto como pensabas. ¡No te preocupes! Es mejor cambiar de dirección al principio, antes de haber creado una audiencia sólida. Sin embargo, si llevas años haciendo videos de humor, evita cambiar repentinamente a videos sobre jardinería, por ejemplo.

Si todos tus videos están relacionados con un mismo tema general, como estilo de vida o los videojuegos, está bien tenerlos todos en un solo canal. A veces, incluso puedes mezclar diferentes contenidos. Por ejemplo, si usualmente haces videos sobre maquillaje pero también te vas de viaje a Disney World, puedes añadir esos videos de vacaciones sin confundir al algoritmo de YouTube.

Cuando empecé en YouTube, pensaba en mi canal como si fuera mi propia cadena de televisión. Creía que podía tener diferentes tipos de "programas" y que la gente elegiría los videos que quería ver.

Por desgracia, YouTube no funciona así. En la televisión, puedes tener un canal como la NBC y no ves todos los programas de esa cadena; simplemente eliges los que te gustan e ignoras el resto. En YouTube, los espectadores ven toda la plataforma como una cadena de televisión, con diferentes canales funcionando como distintos programas. La gente elige qué canales ver, de la misma manera que selecciona qué programas de TV ver. Al igual que la NBC tiene diversos tipos de programas de televisión, YouTube tiene diferentes tipos de canales.

Generalmente, usas YouTube en tu teléfono o computadora para ver los "programas" (canales) que te gustan, igual que usas tu televisor para ver tus programas favoritos. Pero no ves todos los canales porque solo te interesan algunos.

He aquí un ejemplo: Imagina que tu programa favorito, *La ley y el orden*, está en la NBC. Pero a veces, otros programas que no te gustan, como *America's Got Talent*, se emiten después. Si estuvieras viendo *La ley y el orden* y luego comenzara *America's Got Talent*, probablemente cambiarías de canal para ver otra cosa, ¿verdad?

Ahora, imagina que *La ley y el orden* tuviera su propio canal de YouTube, solo para ese programa. Sería genial, ¿verdad? Te suscribirías a ese canal para poder verlo siempre que quisieras.

Pero imagina que un día, cuando fuiste a ver *La ley y el orden* en ese canal, empezaron a emitir episodios de *America's Got Talent*. De repente, ese canal al que te suscribiste solo para ver *La ley y el orden* comienza a mostrar un programa completamente diferente, lo que dificulta encontrar los episodios que te interesan. ¿Seguirías suscrito a ese canal o buscarías otro mejor en otra parte?

Bueno, puedo decirte que si ese canal dedicado a *La ley y el orden* fuera un canal de YouTube, la mayoría de los espectadores se darían de baja en cuanto empezara a mostrar otros programas. Buscarían otro canal que solo mostrara *La ley y el orden*, y abandonarían el primero.

Algunas personas permanecen suscritas a canales porque disfrutan la mayoría de los videos que se suben. Pero si empiezan a no gustarles más videos de los que realmente sí disfrutan, es posible que se den de baja y busquen otros canales que ofrezcan el tipo de contenido que desean.

Si quieres mantener a tu audiencia y no ahuyentar a tus espectadores, es imprescindible que te centres en el tema de tu canal. Por ejemplo, si tu canal es sobre maquillaje, asegúrate de que la mayoría de tus videos sean sobre maquillaje. Si es sobre viajes, mantén los videos en torno a los viajes. Mezclar temas diferentes confundirá a tus espectadores y, en consecuencia, perderás suscriptores. Además, si pierdes demasiados suscriptores, YouTube dejará de mostrar tus videos a nuevos y potenciales espectadores.

A la hora de elegir temas para tus videos de YouTube, es fundamental escoger aquellos que realmente capten tu interés y pasión. No se trata solo de atraer espectadores o ganar suscriptores, sino de mantener tu motivación y disfrute a largo plazo. Crear contenido que te apasione garantiza que mantengas el entusiasmo y el compromiso, lo que es esencial para producir videos de forma constante.

La creación regular de contenido es vital porque la publicación constante de videos ayuda a construir una audiencia fiel y a mejorar la visibilidad de tu canal con el tiempo. Además, cuando estás realmente interesado en tu contenido, se nota. Tu entusiasmo se refleja en tus videos, haciéndolos más atractivos y conectando mejor con la audiencia. Esta autenticidad puede ser la clave para diferenciar tu canal del resto en un mercado saturado, ayudándote a conectar con espectadores que comparten tus intereses.

Temas como la belleza, las bromas y los videojuegos son muy populares en YouTube. Pero si no te interesan, ¿para qué molestarte en hacer videos sobre ellos? Y si crees que no habrá público para el tema que has elegido, recuerda que tú mismo estás interesado en él, así que probablemente haya otros que también estén interesados, esperando tus videos, por muy específico que sea el tema. Por ejemplo, hay un canal de YouTube llamado *Heritage Elevators*, dedicado específicamente a los ascensores, ¡y tiene más de 130.000 suscriptores! Esto demuestra que, en YouTube, hay público para todo.

Cada categoría de YouTube abarca varios temas. Elegir la categoría para tu canal de YouTube es bastante sencillo, lo más complicado puede ser elegir el tema específico. Piensa en cómo describirían tus videos los espectadores. Probablemente hablarán en función de los temas y menos de las grandes categorías en las que estos videos encajan.

Aquí tienes algunas categorías comunes de canales de YouTube así como temas de videos:

1. Tutoriales y cómo se hace

YouTube está lleno de videos que te enseñan a hacer casi cualquier cosa, desde grabar y editar videos hasta cómo utilizar computadoras o hacer manualidades. Si tienes habilidades en algún área específica, puedes crear tus propios videos instructivos para tu canal. Por ejemplo, algunos canales, se dedican a mostrar cómo armar productos que la gente compra en Internet.

Personalmente, he utilizado YouTube para aprender a armar una estantería y montar una hidrolimpiadora que compré en Amazon. Las personas que crean estos videos no solo ganan dinero con los anuncios de YouTube; también obtienen comisiones a través de enlaces de afiliado/referencia de los productos que utilizan, y pueden recibir productos gratis de empresas que quieren que sus productos aparezcan en sus videos de YouTube.

Aquí tienes cinco canales populares de tutoriales en YouTube:

1. TED-Ed - Lessons to Share
2. SmarterEveryDay
3. Vsauce
4. AsapSCIENCE
5. National Geographic

2. Listas y trucos para la vida

Si te gusta explorar las redes sociales, es probable que hayas visto publicaciones sobre "lifehacks" (trucos para la vida). Estos posts ofrecen ingeniosos trucos para simplificar la vida, como métodos más rápidos para pelar vegetales o técnicas más inteligentes para empacar una maleta. Puedes crear videos sobre estos trucos de muchas maneras creativas.

Por ejemplo, podrías dedicar cada video a un solo truco, o podrías elaborar listas como "Los 10 mejores consejos para ahorrar dinero al comer fuera". Si buscas "listas" en YouTube, encontrarás una gran variedad de opciones. Desde las mejores atracciones en Disney World hasta las quince mejores películas de todos los tiempos, hay listas para casi cualquier cosa. Aunque pueda parecer simple, estos videos se han vuelto extremadamente populares en YouTube.

Aquí tienes cinco canales destacados de trucos para la vida en YouTube:

1. Troom Troom
2. The King of Random
3. Life Hacks & Experiments
4. Natalies Outlet
5. DaveHax

3. Reseñas

¿Te encanta leer libros o ver películas? ¿A menudo recomiendas videojuegos o música a tus amigos? ¿Disfrutas probando nuevos dispositivos? Millones de personas recurren a YouTube para obtener opiniones sobre estos temas. Si te apasionan los libros, las películas, los juegos, la música o los gadgets, ¡podrías crear tu propio canal para compartir tus reseñas!

Una vez que comiences a hacer reseñas, las empresas pronto se darán cuenta y podrían contactarte para enviarte productos gratis a cambio de una reseña. Podrías recibir desde un robot aspirador hasta una freidora de aire, un humidificador o cajas de suscripción, ¡todo sin costo alguno!

Si estás considerando hacer videos de reseñas, ten en cuenta las normas sobre derechos de autor. Puedes usar clips de películas, programas de TV, juegos y canciones en tu video, siempre y cuando sigas estas pautas: proporciona el crédito adecuado, añade comentarios, limita la duración de cada clip y asegúrate de no mostrar cada clip (con su audio) por más de cinco segundos.

Además, una forma fácil de ganar dinero con tu canal de reseñas es registrándote en Amazon Associates. Incluye tu enlace de afiliado en la descripción de tu video y, si alguien compra algo a través de ese enlace –ya sea el producto que has reseñado o cualquier otro artículo– ¡ganarás una comisión!

Aquí tienes cinco canales populares de reseñas en YouTube:

1. Ryan's World
2. Unbox Therapy
3. Marques Brownlee
4. Dope or Nope
5. QrewTV

4. Juegos

La comunidad de jugadores en YouTube es masiva y los creadores más exitosos ganan millones de dólares al retransmitir sus sesiones de juego en directo. Si te apasiona jugar videojuegos, puedes aprovechar YouTube para convertir tu afición en una fuente de ingresos.

Para ello, necesitarás más que un simple iPhone o laptop. Será necesario contar con un equipo adecuado para capturar tu pantalla y mostrarte mientras juegas. Sin embargo, si ya eres un aficionado a los videojuegos, es probable que tengas una idea de cómo hacerlo en tu computadora y compartirlo en YouTube.

Aquí tienes cinco canales populares de videojuegos en YouTube:

1. PewDiePie
2. JuegaGerman
3. Mikecrack
4. Jess No Limit

5. Fernanfloo

5. Organización

La organización es un tema muy popular en YouTube. A la gente le encanta ver videos sobre cómo ordenar sus casas, oficinas, vehículos e incluso los juguetes de sus hijos. ¡Incluso si solo estás limpiando un cajón desordenado, hay espectadores interesados en verlo! Algunos creadores también hacen videos sobre organización con bajo presupuesto, utilizando productos económicos de tiendas de todo a un dólar.

Si te especializas en organización, puedes aprovechar una cuenta de Amazon Associates para enlazar los productos que utilizas en tus videos. Algunos creadores se centran exclusivamente en productos de Amazon en sus videos para ganar comisiones cuando los espectadores compran a través de sus enlaces de afiliados.

Aquí tienes cinco canales populares de organización en YouTube:

1. Clutter Bug
2. AtHomeWithNikki
3. Love Meg
4. Pretty Neat Living
5. The Organized Soprano

6. Manualidades

La comunidad de artesanos en YouTube es vibrante y activa, así que si te apasiona hacer manualidades, ¡seguro encontrarás a otros con intereses similares! Puedes crear videos mostrando cómo hacer distintas manualidades o simplemente compartir los materiales que has adquirido y los proyectos que has realizado. ¡A la gente le encanta ver lo que eres capaz de crear!

Manualidades como hacer collares, álbumes de recortes, tejer, confeccionar edredones y crear tarjetas pueden ser muy entretenidas tanto para mostrar cómo se hacen como para enseñar los materiales que has usado. Los videos sobre compras en tiendas como Hobby Lobby, Michael's, JoAnn e incluso Dollar Tree suelen atraer mucha atención.

La comunidad de artesanos en YouTube es extensa, por lo que es beneficioso conectar con otros creadores dándoles "me gusta" y comentando sus videos. Incluso si no eres un gran aficionado a las manualidades, podrías tener éxito con los tutoriales del tipo "hazlo tú mismo" de tiendas como Dollar Tree..

Aquí tienes cinco canales populares de manualidades en YouTube:

1. Artkala
2. Innova Crafts
3. DIY Crafts TV
4. DIY-Paper Crafts
5. Shagufta Fyms

7. Compras y cajas de suscripción

¿Te gusta ir de compras? ¡Comparte tus compras con tus suscriptores de YouTube! Incluso las compras en el supermercado pueden ser divertidas de grabar. A la gente le encanta ver lo que otros compran en tiendas como Trader Joe's y Costco.

Puedes mostrar lo que has comprado en sitios como Dollar Tree, Bath & Body Works y Target; esto videos suelen tener muchas reproducciones. También puedes llevar a tus espectadores contigo cuando vayas de compras en videos tipo vlog. Incluso algo tan sencillo como ir al supermercado puede conseguir muchas visualizaciones.

También existen las cajas de suscripción, que entran en la categoría de compras. Las empresas ofrecen estas cajas temáticas llenas de productos que van desde artículos de belleza hasta decoración para el hogar. Los YouTubers pueden recibir estas cajas cada mes o cada ciertos meses, dependiendo del servicio. ¡Los videos de YouTubers abriendo estas cajas se han hecho muy populares!

Aquí tienes cinco tiendas populares para videos de compras:

1. Target
2. Dollar Tree
3. Costco
4. Walmart
5. Sam's Club

Aquí tienes cinco cajas de suscripción populares para videos de compras:

1. FabFitFun
2. Bespoke Post
3. Kiwi Crate de Kiwico
4. Lovevery
5. Ipsy

8. Reseñas de restaurantes y comida

Si te gusta probar comidas diferentes, ¡crear un canal de YouTube dedicado a las críticas gastronómicas puede ser perfecto para ti! Puedes grabarte probando nuevos aperitivos o platos en restaurantes, o incluso probando comida rápida en tu coche. ¡A los espectadores les encanta el contenido sobre comida!

Aquí tienes cinco canales populares de YouTube dedicados a la crítica gastronómica:

1. Best Ever Food Review Show
2. TheReportOfTheWeek
3. Strictly Dumpling
4. Mark Wiens
5. The Food Ranger

9. Cocinar y hornear

¿Te gusta cocinar nuevas recetas u hornear deliciosos postres? Si te encanta pasar tiempo en la cocina, ¡puedes compartir tus habilidades culinarias en YouTube! No hace falta que seas un chef profesional; ¡incluso las recetas fáciles son populares! A veces, lo sencillo es lo mejor, porque a la gente le gusta las ideas de comidas rápidas y fáciles.

Si abres un canal de cocina, te recomiendo que te unas a Amazon Affiliate. Esto te permite compartir enlaces de los utensilios de cocina que utilizas en tus videos. Cada vez que la gente haga clic en estos enlaces y compre algo en Amazon, ganarás una comisión.

Aquí tienes cinco canales populares de cocina y repostería en YouTube:

1. Babish Culinary Universe
2. How To Cake It
3. Jamie Oliver
4. Bon Appétit
5. NYT Cooking

10. Comedia y bromas

Las bromas se han vuelto muy populares en YouTube, con algunos YouTubers ganando mucho dinero al hacer bromas locas y, a veces, un tanto arriesgadas. Aunque puede ser difícil replicar esas grandes acrobacias, puedes crear videos divertidos con chistes o sketches graciosos. Muchos cómicos comienzan de esta forma para mostrar su lado divertido.

Recuerda que algunos videos de bromas están dirigidos a niños y familias, mientras que otros son para adultos. Es importante decidir a quién va dirigido tu contenido y centrarte en ese público.

Aquí tienes cinco canales populares de bromas/comedia en YouTube:

1. Alan Chikin Chow
2. AboFlah
3. Short Breaks
4. Spider Slack
5. JKK Entertainment

11. Vlogs

Muchas personas de todo el mundo comparten su vida a través de videos llamados **vlogs**. Algunos incluso lo hacen a diario. Pero recuerda que hacer vlogs lleva mucho tiempo y a veces puede parecer una invasión de la intimidad. Sin embargo, algunas personas obtienen ingresos a tiempo parcial o incluso a tiempo completo en YouTube compartiendo videos de diez a veinte minutos de su día.

No tienes que hacer vlogs todos los días para tener un canal. Puedes hacer tantos o tan pocos videos como quieras, pero es una buena idea hacerse un horario, como por ejemplo publicar vlogs tres veces a la semana.

Si te gusta hacer vlogs pero no quieres comprometerte con un horario específico, puedes simplemente hacer videos cuando ocurra algo emocionante. Por ejemplo, puedes participar en "Vlogmas" (vlogging para Navidad), "Vlogtober" (vlogging para octubre), "VEDA" (vlogging para abril) o "Vlogust" (vlogging para agosto).

La parte complicada del vlogging es que a algunos fans les gustan tanto que quieren ver nuevos videos cada día, lo que puede generar mucha presión. Además, los espectadores pueden volverse demasiado amistosos o incluso críticos cuando compartes aspectos de tu vida. Aunque solo muestres diez minutos de tu día, algunos espectadores actúan como si supieran todo sobre ti, lo que puede ser abrumador.

Cuando los vloggers empiezan sus canales, suelen interactuar con sus espectadores en los comentarios. Pero a medida que aumenta el número de seguidores, es posible que dejen de hacerlo para proteger mejor su privacidad. Si quieres probar el vlogging, puedes empezar haciéndolo una vez a la semana. Si te gusta y no sientes que estás compartiendo demasiado de tu vida personal, puedes aumentar la frecuencia de los videos más adelante.

Aquí tienes cinco canales populares de vlogging en YouTube:

1. Roman Atwood Vlogs
2. Casey Neistat
3. Alfie Deyes Vlogs
4. Ali Abdaal

5. Vagabrothers

12. Belleza

Las blogueras y vloggers de belleza son muy populares en YouTube y muchos de ellos tienen canales de gran éxito. Algunas expertas en belleza también tienen blogs para complementar sus videos y a menudo ganan más dinero con anuncios en sus sitios web, aunque esta práctica ya no es tan común. Hoy en día, los YouTubers utilizan principalmente Instagram y TikTok para hacer crecer sus canales.

Si te encanta el maquillaje y el cuidado de la piel, compartir tus consejos y trucos con los demás podría ser perfecto para tu canal. Hay muchos temas sobre los que puedes hablar, e incluso podrías conseguir productos de maquillaje gratuitos para probar en cámara. Los canales de belleza son los que reciben más productos gratis porque a las marcas les gusta que sus productos aparezcan en YouTube.

Además de tutoriales de maquillaje, las gurús de la belleza también hacen reseñas de productos, muestran lo que han comprado en tiendas como ULTA o Sephora, y hablan de cómo organizan y guardan su maquillaje. Algunos canales están dedicados incluso al arte de las uñas.

La categoría de belleza es muy popular y concurrida en YouTube. Si quieres empezar un canal de belleza, asegúrate de que realmente te guste el maquillaje, ya que las posibilidades de éxito pueden ser menores que en otras categorías debido a la gran competencia. Pero si eres buena en maquillaje y a la gente le gusta tu estilo, ¡haz lo tuyo y los suscriptores y el dinero te seguirán!

Aquí tienes cinco canales de belleza populares en YouTube:

1. Tati
2. Jeffreestar
3. NikkieTutorials
4. Wayne Goss
5. Manny Mua

13. Moda

¿Te gusta elegir ropa y crear combinaciones elegantes? Quizá te guste encontrar ropa única en tiendas de segunda mano o probar nuevas marcas de moda. Si es así, crear un canal de moda en YouTube podría ser perfecto para ti. Encuentra tu propia área de interés, como la moda vintage o la creación de conjuntos inspirados en diseñadores famosos, y haz crecer tu canal a partir de ahí. Incluso podrías centrarte en estilizar diferentes tipos de cuerpos.

Los influencers de moda en YouTube no sólo hablan de ropa. También comparten consejos sobre cómo organizar tu armario, muestran sus colecciones de joyas y se prueban prendas de tiendas online populares. Además, promueven la positividad corporal y hablan sobre moda en tallas grandes, ayudando a la gente a sentirse bien consigo misma y a encontrar ropa que se adapte a su cuerpo.

Regístrate en Amazon y otros programas de afiliados para poder compartir enlaces a la ropa y los accesorios que llevas en tus videos. Puede que hayas visto enlaces como "compra mi look" en las redes sociales. Son enlaces de afiliados y, cuando los espectadores hagan clic y compren, ¡ganarás dinero extra!

Aquí tienes cinco canales de moda populares en YouTube:

1. Gulshan Kalra
2. James Charles
3. Vogue
4. Franciny Ehlke
5. RosyMcMichael

14. Negocios

Vender libros en Amazon es solo un ejemplo de los muchos temas empresariales que puedes abordar en YouTube. Otros temas incluyen la autopublicación, el marketing de afiliación, la impresión bajo demanda, los blogs, las tiendas Etsy, etc.

Si tienes un trabajo o una afición que interesa a la gente, considera hacer videos sobre ello en YouTube. Incluso puedes crear cursos o grupos especiales en los que la gente pague por aprender más de ti. Por ejemplo, algunos YouTubers que venden ropa tienen grupos donde comparten información exclusiva sobre dónde comprar y qué marcas son buenas. La gente paga por unirse a estos grupos, convirtiéndose en una fuente adicional de ingresos. Otros crean cursos y tienen grupos en Patreon y merchandising, otra forma de ganar dinero extra. Patreon es una plataforma que permite a los creadores recibir financiación directamente de sus fans, a menudo a cambio de contenido exclusivo u otras ventajas.

Aquí tienes cinco canales empresariales populares en YouTube:

1. Business Insider
2. The Dave Ramsey Show
3. Gary Vaynerchuck
4. Grant Cardone
5. Entrepreneur

15. Salud y fitness

Otro tema popular en los canales de YouTube es la salud, centrándose en aspectos como las dietas y la forma física. Muchas personas hacen videos sobre dietas saludables, pérdida de peso, levantamiento de pesas, o simplemente salir a correr. Las dietas especiales, como las dietas sin gluten, veganas o crudas, también son temas populares.

Aquí tienes cinco canales populares de salud y fitness en YouTube:

1. Health Time
2. Move with Nicole
3. Pick Up Limes
4. Bestie Health
5. Kati Morton

16. Viajes

¿Viajar es tu pasión? ¿Quizá haces viajes frecuentes por carretera, tomas cruceros o acampas? Muchos usuarios de YouTube estarían interesados en ver tus videos de viajes. Puedes dar consejos para hacer la maleta, recomendaciones para comer y sugerencias para ahorrar dinero.

Los vlogs sobre viajes a Walt Disney World suelen tener muchas visualizaciones y los videos sobre cruceros también son muy populares en YouTube.

Aquí tienes cinco canales de viajes populares en YouTube:

1. Fearless and Far
2. Drew Binsky
3. Lost LeBlanc
4. Brett Conti
5. BackPacker Steve

17. Jardinería

Si te gusta la jardinería, ¿por qué no compartir tus habilidades, consejos y trucos en YouTube? Mucha gente quiere saber cómo cultivar plantas, flores y verduras. La jardinería encaja perfectamente con otros temas populares como la preparación para emergencias y la vida fuera de la red.

Puedes compartir todos tus conocimientos de jardinería y ver crecer tu número de suscriptores y tus ingresos, ¡al igual que tus plantas! Además, con una cuenta de Amazon Associates, puedes vincular las herramientas y productos que utilizas y ganar aún más dinero.

Aquí tienes cinco canales populares de jardinería en YouTube:

1. Epic Gardening
2. The Gardening Channel With James Prigioni
3. Garden Answer
4. One Yard Revolution
5. Northlawn Flower Farm

6. Cómo ganar dinero en YouTube

En este libro, ya hemos abordado el tema sobre cómo ganar dinero en YouTube a través de AdSense. Sin embargo, existen otras maneras de incrementar tus ingresos con tus videos. AdSense puede ser tu primera fuente de ingresos, pero a medida que tu canal crezca, descubrirás nuevas oportunidades para ganar más dinero.

Los grandes canales de YouTube no obtienen la mayor parte de sus ingresos de AdSense. Por ejemplo, el YouTuber Jeffree Star mencionó que sus ingresos de AdSense son solo un complemento a su imperio de belleza. Aunque no llegues a acumular tanta riqueza como Star, sí puedes generar ingresos significativos en YouTube.

1. AdSense

Al comienzo de este libro, hablé sobre cómo puedes ganar dinero con tus videos utilizando AdSense, que forma parte del Programa de Socios de YouTube. Es fundamental que entiendas cómo funciona AdSense y cómo utilizarlo eficazmente en tu canal para maximizar tus ingresos.

AdSense es la plataforma de Google para la venta de anuncios (probablemente hayas visto anuncios de Google en varios sitios web). Los anunciantes pagan por estos anuncios a través de AdSense. Cuando te unes al Programa de Socios de YouTube, Google coloca anuncios en tus videos, de la misma manera que en los sitios web. Los anuncios se compran y venden a través de AdSense, así que puedes considerar que los anuncios de Google y AdSense son lo mismo.

Cuando estás en un sitio web o viendo un video de YouTube, los anuncios que ves están relacionados con el contenido que consumes. Por ejemplo, si estás leyendo sobre viajes, es probable que veas anuncios de Disney World o de cruceros. Lo mismo sucede con los videos de YouTube: las empresas que quieren publicitarse pagan a Google para que muestre sus anuncios en videos relevantes, y Google comparte una parte de esos ingresos con los creadores de contenido como blogueros, propietarios de sitios web y YouTubers. Si haces videos de belleza, es probable que las empresas de maquillaje quieran colocar sus anuncios en tu contenido.

La cantidad de dinero que ganes con Google AdSense depende de varios factores, incluyendo el tipo de anuncios en tus videos, cómo reaccionan los espectadores a ellos y cuánto pagan los anunciantes a Google por esos anuncios. Cuanto más pague una marca por un anuncio, más dinero ganarás si la gente ve tu video.

En YouTube, los ingresos de un video se basan en el **CPM**, que significa **costo por mil** (es decir, costo por 1.000 visualizaciones). El CPM es lo que YouTube cobra a los anunciantes por colocar anuncios en tus videos. Aunque no recibes el importe total del CPM, es crucial entenderlo para calcular tu **RPM (Revenue Per Mile**, o **ingresos por mil** en español), que es la cantidad de dinero que ganas por cada 1.000 visualizaciones a través de anuncios, suscripciones, YouTube Premium, Super Chats y Super Stickers.

El CPM representa lo que Google cobra a los anunciantes antes de que YouTube tome su porcentaje, mientras que el RPM es lo que Google te paga después de que YouTube se lleva su parte.

Los CPM pueden variar enormemente, desde cincuenta centavos hasta varios cientos de dólares por cada 1.000 visualizaciones, dependiendo del tema de tu video. Aunque es raro, algunos videos pueden alcanzar CPM superiores a 100 dólares. Recuerda que el CPM está orientado al anunciante; es lo que ellos pagan, no lo que tú recibes. Por lo general, tu RPM es aproximadamente la mitad de tu CPM, por lo que un CPM alto implica mayores ingresos para ti.

Como creador de YouTube, te pagan por cada 1.000 visualizaciones combinadas de todos tus videos cada mes. Por ejemplo, los videos sobre estilo de vida pueden generar un CPM de 15 dólares por cada 1.000 visualizaciones, mientras que los videos sobre criptomonedas o inversiones pueden tener un CPM más alto.

¿Por qué hay diferencias en los CPM en YouTube? Diversos factores influyen significativamente en las tarifas de CPM, determinando los ingresos potenciales que los creadores pueden obtener de sus videos. Uno de los principales determinantes es el sector o nicho del contenido. Nichos como la tecnología, la belleza y las finanzas son conocidos por atraer mayores CPM debido a sus lucrativas audiencias y a la gran competencia entre los anunciantes para captar la atención de esos espectadores. Los anunciantes están dispuestos a pagar más por estas audiencias porque suelen tener ingresos disponibles o una fuerte intención de compra, lo que las hace muy valiosas.

La geografía también desempeña un papel crucial en la determinación de las tarifas CPM. Las tarifas de los anuncios varían mucho de un país a otro, y mercados como Estados Unidos, Canadá y Australia suelen ofrecer tarifas más altas. Esta variación se debe a las diferencias en las condiciones económicas, el gasto en publicidad digital y el poder adquisitivo de los espectadores en esos países. Es probable que los anunciantes inviertan más en las regiones donde los consumidores tienen mayor poder adquisitivo y donde las infraestructuras de publicidad digital están más desarrolladas.

Además, el formato de los anuncios mostrados puede influir en los CPM. Por ejemplo, los anuncios no omitibles suelen tener CPM más altos que los omitibles, porque garantizan que el espectador verá el anuncio, proporcionando así más valor al anunciante. Esto asegura que el mensaje llegue a la audiencia, aumentando la probabilidad de compromiso y conversión. Por lo tanto, los videos que pueden conseguir anuncios no omitibles debido a la calidad de su contenido o a las métricas de participación de los espectadores pueden generar mayores ingresos con la inserción de anuncios.

En promedio, los YouTubers suelen ganar alrededor de 4 dólares por cada 1.000 visualizaciones. Esta tasa varía constantemente entre canales y depende de cuánto invierten los anunciantes en los anuncios de YouTube cada día. Puedes comprobar tu CPM en tu cuenta de YouTube Studio una vez que tus videos sean monetizados. Solo tienes que ir a la pestaña **Estadísticas** a la izquierda para ver tus totales de AdSense y luego hacer clic en **Ingresos** para ver tu CPM y RPM. Te recomiendo que verifiques estos datos semanalmente o cada dos semanas para monitorear tu progreso.

¿Te sientes confundido? No te preocupes. La mayoría de la gente lo está. Google proporciona a los creadores de YouTube muchas cifras que pueden resultar abrumadoras. Mi recomendación es que no te obsesiones demasiado con ellas. En su lugar, concéntrate en hacer un seguimiento de tus ingresos en la sección de **YouTube Studio** de tu cuenta (haz clic en tu foto de perfil en la esquina superior derecha y selecciona YouTube Studio en el menú). Una vez allí, haz clic en el ícono de **Análisis** a la izquierda y abre el **Análisis de tu canal**. Aquí podrás ver tus ingresos actuales y otras estadísticas. También puedes seleccionar un intervalo de tiempo para ver tus ingresos, incluyendo:

- Últimos siete días
- Últimos 28 días
- Últimos 90 días
- Últimos 365 días
- Toda la vida

- Año en curso
- Año anterior
- Cada uno de los tres últimos meses
- Personalizado

Como mencioné anteriormente, intenta centrarte en cuánto dinero estás ganando en el mes actual. Al seleccionar las opciones de tiempo, puedes desglosar tus estadísticas en una página que muestra tus visualizaciones, tiempo de reproducción (horas), nuevos suscriptores y una estimación de ingresos.

Para comprobar tu RPM y CPM, haz clic en la pestaña **Ingresos**. YouTube te muestra mediante flechas rojas si tus cifras están subiendo o bajando en comparación con el periodo anterior. Revisar cuánto dinero has ganado hasta ahora en el mes actual te ayudará a evaluar tu rendimiento y a identificar áreas de mejora.

Es importante saber que estas cifras no se actualizan de inmediato. Debes esperar hasta el final del mes, cuando YouTube termine de contabilizar todo, para ver cuánto has ganado realmente. A veces, la cifra que ves al final del mes puede ser superior a lo que realmente recibirás. No obstante, acostúmbrate a verificar tus cifras regularmente para monitorear tu progreso.

Más abajo, en la sección **Ingresos**, encontrarás más información y cifras útiles. Esto incluye cuánto dinero has ganado en los últimos seis meses y cuáles de tus videos están teniendo un mejor rendimiento. Conocer qué videos están funcionando bien puede ayudarte a decidir qué tipo de contenido crear en el futuro.

También puedes ver tus cifras de **Alcance**, como **impresiones**, **porcentaje de clics**, **visualizaciones** y **visualizaciones únicas**. En la sección **Participación**, encontrarás tu **tiempo de reproducción** en horas y tu **duración promedio de reproducción**. Por último, en la sección **Audiencia**, puedes ver tus **espectadores únicos**, el **promedio de visualizaciones por espectador** y el número de **nuevos suscriptores** que has conseguido. (Consulta la sección *Métricas de YouTube 101* en el *Capítulo 1: Primeros pasos* si no recuerdas a qué se refieren estos términos).

El número de suscriptores de tu canal fluctuará. Algunos días ganarás más suscriptores y otros días perderás algunos. La gente siempre está entrando y saliendo de YouTube, y algunos incluso pueden darse de baja solo para volver a suscribirse más tarde. Si subes constantemente videos atractivos y de calidad que dejen a los espectadores con ganas de más, conseguirás que se suscriban a tu canal más personas de las que se den de baja.

2. Enlaces de afiliados

Además de AdSense, los enlaces de afiliados son otra excelente manera de ganar dinero extra con tus videos de YouTube. Cuando te registras para convertirte en afiliado de una empresa, obtienes acceso a enlaces de afiliado. Así es como funciona: si alguien compra algo utilizando tu enlace, recibes una comisión. Amazon tiene un programa muy popular llamado **Amazon Associates**, que es utilizado por muchos YouTubers, bloggers e influencers en redes sociales. ¡Tú también podrías aprovecharlo!

Al registrarte como Asociado de Amazon, puedes crear enlaces de recomendación para cualquier producto disponible en Amazon. Si mencionas un producto en tu video, coloca el enlace de recomendación en la descripción del video. De esta manera, ganarás una comisión si alguien hace clic en tu enlace y compra el producto. Así que, si hablas de algo en tu video que la gente puede comprar en Amazon, ¡asegúrate de incluir el enlace de recomendación en la descripción!

Lo mejor de todo es que, aunque la persona que haga clic en tu enlace no compre el producto exacto que recomendaste, seguirás recibiendo una comisión por cualquier cosa que compre en Amazon, siempre que haya utilizado tu enlace de recomendación.

Por ejemplo, si pones un enlace a una tetera en tu video y alguien hace clic en él, no tiene que comprar la tetera para que tú ganes dinero. Amazon rastrea todo lo que la persona compra durante las siguientes veinticuatro horas y tú obtienes crédito por ello. Podrías ganar mucho dinero si las personas utilizan tus enlaces de Amazon para comprar un televisor nuevo, ¡sin que hayas puesto enlaces directos a televisores!

Amazon es el mayor sitio de comercio electrónico del mundo, por lo que la mayoría de los YouTubers también son Asociados de Amazon. Es una forma sencilla de ganar dinero extra. Si echas un vistazo a los canales más grandes de YouTube, probablemente verás varios enlaces de Amazon en las descripciones de sus videos. Suelen incluir enlaces a los artículos que utilizan para crear su contenido.

Si deseas unirte al programa Amazon Associates, visita **affiliate-program.amazon.com**.

Además de Amazon, aquí tienes otras empresas con las que puedes registrarte para ser afiliado de forma gratuita:

- **Adobe**: El Programa de Afiliación de Adobe te permite ganar comisiones cuando promocionas Adobe Creative Cloud, Adobe Stock y Adobe Document Cloud en tu sitio web, blog o canales de redes sociales. Solicítalo en adobe.com/affiliates.html.
- **Audible**: Gana comisiones por publicidad cuando recomiendes a los espectadores productos y suscripciones de Audible que cumplan los requisitos. Solicítalo en audible.com/ep/affiliate-intro.
- **Rakuten (antes LinkShare)**: Trabaja con las principales marcas de diversos sectores. Solicítalo en rakutenadvertising.com/affiliate.
- **Shopify**: Gana comisiones a través de tu propia tienda Shopify o promocionando otras. Solicítalo en shopify.com/affiliates.
- **Skillshare**: Skillshare es un sitio web que aloja clases online y lecciones en video. Gana 7 dólares por cada nuevo cliente que recomiendes. Solicítalo en skillshare.com/affiliates.
- **TripAdvisor**: Asóciate con el mayor sitio de viajes del mundo para ganar comisiones del 50% por compartir enlaces de reservas de hoteles. Regístrate en tripadvisor.com/affiliates.
- **Twitch**: Twitch es una red de afiliados dirigida específicamente a contenidos de streaming. Inscríbete en affiliate.twitch.tv.

3. Enlaces de recomendación

Los programas de afiliación te dan dinero, mientras que los programas de recomendación te recompensan con productos o créditos para tus compras.

Por ejemplo, si recibes cajas de suscripción y haces videos sobre ellas en tu canal, puedes poner el enlace de recomendación de la empresa en la descripción del video. Así, obtendrás recompensas si alguien se suscribe a la caja utilizando tu enlace.

La mayoría de la gente suele preferir los programas de afiliación porque ofrecen dinero en efectivo. Sin embargo, algunas empresas tienen ambos tipos de programas. Si te encuentras en una situación donde ambas opciones están disponibles, depende de ti decidir qué recompensa prefieres. Puedes usar el enlace de afiliado para obtener dinero en efectivo o el enlace de recomendación para recibir productos gratuitos. Todo depende de la recompensa que más te convenga.

Hoy en día, muchas empresas y servicios tienen programas de recomendación, incluidas grandes aerolíneas, hoteles, marcas de ropa y belleza, entre otras.

Siempre que muestres algo en tu video, como ropa o artículos de cocina, verifica si la marca tiene un programa de afiliación o recomendación en su sitio web. De este modo, cuando incluyas un enlace a su producto en tu video, podrás ganar dinero o créditos. Si tienes un blog o un sitio web, también puedes poner anuncios de estas empresas allí para ganar créditos y productos gratis.

Aquí tienes algunos de los programas de recomendación más populares. Solo tienes que buscar el nombre de cada empresa seguido de "programa de recomendación" en Google para encontrar las páginas donde puedes inscribirte. Algunas te llevarán a los programas de afiliación mencionados anteriormente, pero otras tendrán su propio programa de recomendación dedicado.

- **Airbnb**: Gana hasta 30 dólares en créditos por cada reserva completada por un huésped o anfitrión que recomiendes.
- **American Express**: Acumula Membership Rewards por cada recomendación exitosa si eres titular de una cuenta American Express.
- **Canva**: Obtén créditos para imágenes premium cuando alguien use tu recomendación para crear una cuenta y diseñar algo.

- **Casper**: Gana créditos, como tarjetas regalo de Amazon, por referir a nuevos clientes. Los recomendados reciben un 20% de descuento en su pedido.
- **Dropbox**: Incrementa tu almacenamiento con cada recomendación exitosa de Dropbox.
- **Fabletics**: Gana 10 dólares de crédito en la tienda por cada amigo que recomiendes. Los nuevos clientes obtienen un 50% de descuento en su primer pedido.
- **HelloFresh**: Obtén un crédito de 20 dólares por cada referido que complete su primera caja, mientras que el referido recibe 40 dólares de descuento.
- **Lyft**: Recibe dinero, créditos, o ambos, por cada nuevo usuario que se registre con tu enlace de recomendación.
- **Hotel Marriott**: Gana hasta 50.000 puntos de bonificación al referir hasta cinco nuevos clientes al año.
- **Timberland**: Obtén un 20% de descuento en tu próxima compra por cada referido que realice una compra. Los nuevos clientes también reciben un 20% de descuento en su primer pedido.
- **Uber**: Consigue descuentos y viajes gratuitos cuando alguien se registre usando tu enlace de recomendación.
- **Uniqlo**: Gana 10 dólares por cada recomendación exitosa. Los nuevos clientes reciben 10 dólares de descuento en su primer pedido.

4. Patrocinios

Además de ganar dinero a través de AdSense, Amazon Associates, enlaces de afiliados y enlaces de recomendación, también puedes generar ingresos mediante patrocinios. Un patrocinio ocurre cuando una empresa te paga por crear un video sobre su producto o servicio. Por ejemplo, si una empresa de maquillaje te patrocina, te enviará productos gratuitos para que los pruebes y te pagará por hacer un video sobre ellos. Si se trata de un servicio, te pagarán para que hables sobre su empresa.

Es importante recordar que debes indicar si un video está patrocinado. Debes mencionarlo verbalmente en el video y también escribirlo en la descripción del mismo, tal como lo exigen las políticas de transparencia de YouTube. Si te pagan por hacer un video o recibes productos gratuitos para promocionar, estás en una relación comercial con una marca. Para mantener la transparencia con tu audiencia, debes revelar claramente cualquier promoción o patrocinio pago.

Cuantos más suscriptores tenga tu canal, mejores serán los patrocinios que podrás obtener. De hecho, muchos de los canales grandes de YouTube ganan más dinero con los patrocinios que con AdSense. Sin embargo, ten en cuenta que lleva tiempo construir una audiencia lo suficientemente grande como para atraer a los patrocinadores. Puedes empezar a conseguir patrocinios cuando tu canal alcance los 5.000 suscriptores o incluso los 1.000, pero todo depende del tema de tus videos y del número de visualizaciones que suelen tener. Las marcas se fijan en la cantidad de visualizaciones promedio de tus videos, no solo en tu número de suscriptores.

Normalmente, las empresas contactan directamente a los creadores para conseguir patrocinios, pero también puedes unirte a plataformas especializadas que te ayudan a encontrar patrocinadores. Algunas de estas plataformas son:

- **AspireIQ**: Anteriormente conocida como Revfluence, AspireIQ es una de las principales plataformas de marketing de influencers. Ayuda a las empresas a encontrar personas que puedan promocionar sus productos y los influencers ganan dinero por dirigir tráfico a marcas como Bed Bath & Beyond, Marriott, Walmart y Nike. Además de YouTube, puedes ganar dinero a través de tu blog, Facebook, X y Pinterest. Más información en aspireiq.com.
- **Páginas de canal de FanBridge**: No hay un número mínimo de suscriptores de YouTube para registrarse. Trabajan con muchas marcas, grandes y pequeñas; en esta plataforma puedes conectar con marcas y solicitar colaboraciones con otros canales. Más información en channelpages.com.
- **Content BLVD**: Esta plataforma trabaja con marcas de cosméticos como Urban Decay y Skin & Co, y se enfoca exclusivamente en YouTubers. No solo puedes conseguir productos

gratis, sino que también te pagarán por hacer videos de reseñas. Más información en contentblvd.com.

- **Grapevine**: Trabajan con influencers que tengan al menos 10.000 suscriptores en YouTube o 10.000 seguidores en Instagram. Si no has alcanzado ese nivel de seguidores, aún puedes registrarte. Te ayudan a elegir ofertas de marcas según el tamaño de tu canal, nicho y demografía. Algunas de las empresas con las que trabajan son Walgreens, NYX y Remington. Más información en grapevinevillage.com.
- **Izea**: No hay un número mínimo de suscriptores para registrarse. Izea conecta marcas de alimentos, moda, belleza y estilo de vida con creadores de contenido. Algunas de las marcas que representan son Subway, eBay y Levi's. También ofrecen trabajos freelance. Más información en izea.com.
- **TapInfluence**: No exigen un número mínimo de suscriptores. Pueden ponerte en contacto con marcas de alimentos, moda, belleza y estilo de vida como WhiteWave Food, MtoM Consulting y Stella & Chewy's. Su función de "oferta abierta" te permite presentar ofertas en proyectos que coincidan con tu contenido. Más información en tapinfluence.com.
- **YouTube Brand Connect**: Anteriormente llamada Famebit, esta plataforma ofrece a los creadores de YouTube patrocinios de grandes marcas como Canon, Sony y Adidas. Actualmente funciona solo a través de invitación para canales con 25.000 suscriptores o más. Si cumples los requisitos, YouTube te notificará en tu interfaz de YouTube Studio.

Ten en cuenta que estas plataformas no son las únicas que ofrecen patrocinios. Algunas marcas también contactan directamente a los creadores. A medida que tu canal crece, las empresas pueden ofrecerte enviar productos gratuitos para que los revises o pagarte por hablar de sus productos en un video.

Establecer la cantidad de dinero que esperas recibir por los patrocinios es crucial. Si eres nuevo en YouTube, no esperes que las empresas te paguen grandes sumas de inmediato. Al principio, es probable que solo recibas productos gratuitos a cambio de tus videos. A medida que tu canal crezca, podrás empezar a esperar pagos por tus servicios. Sin embargo, ten en cuenta que muchas marcas pueden intentar pagarte menos o incluso nada. Por lo tanto, es importante que conozcas tu valor. Si una empresa quiere que realices un video patrocinado, debe estar dispuesta a pagarte, ya que te ha elegido por una razón.

Los patrocinadores observan cuántos suscriptores tiene tu canal, pero también prestan atención a las visualizaciones de tus videos. Determinar cuánto cobrar puede ser complicado. Un buen punto de partida es considerar cobrar entre uno y tres céntimos por cada visualización, o entre 10 y 30 dólares por cada 1.000 visualizaciones. Algunas marcas pueden preguntarte cuánto cobras, mientras que otras pueden ofrecerte un precio fijo. Al final, eres tú quien decide cuánto te sientes cómodo pidiendo.

Antes de aceptar un acuerdo de patrocinio, es importante establecer algunas normas. Aquí tienes algunos puntos que deberías acordar:

1. ¿Cuándo se publicará el video?
2. ¿Qué duración debe tener el video?
3. ¿Necesita la marca aprobar el video antes de su lanzamiento?
4. ¿Cuándo y cómo te pagarán?
5. ¿Te dará la empresa un guión a seguir?
6. ¿Te proporcionarán enlaces o códigos de descuento para compartir con tus espectadores?
7. ¿Te enviarán productos gratuitos para mostrar en el video?
8. ¿Qué más espera la empresa de ti? Por ejemplo, ¿esperan que compartas el video en las redes sociales?
9. ¿Necesitas utilizar hashtags específicos?
10. ¿Proporcionará la empresa el texto para incluir en la descripción del video?

Algunas empresas pueden pedirte muy poco y solo querrán que hables de su producto en un video. Otras pueden tener más exigencias, como firmar un contrato o seguir ciertos pasos para recibir el pago. A veces, te enviarán productos para que los muestres en tu video. Recuerda: cuanto más te pidan, más deberás esperar de ellos en términos de pago.

5. Tus propios productos

Muchos YouTubers también venden su propia mercancía (conocida como "merch"), como camisetas, tazas y libros. Si vendes algún producto, asegúrate de incluir los enlaces en la descripción de tus videos para que tus espectadores puedan comprarlos. YouTube puede ser una excelente plataforma para dirigir más tráfico hacia tu sitio web, blog, tienda de Amazon, Etsy o eBay, entre otros.

Crear y vender tu propia mercancía es más fácil de lo que piensas. Puedes utilizar sitios web como **TeePublic** y **TeeSpring** para diseñar y vender tus productos. Herramientas como **Canva Pro**, disponible por una pequeña cuota mensual, son perfectas para crear tus diseños. También puedes utilizar aplicaciones gratuitas como **WordSwag** para diseñar texto. Además, sitios web como **Vecteezy** y **Creative Fabric** ofrecen gráficos que puedes usar con fines comerciales si te suscribes.

Si tienes un apodo o un eslogan atractivo, considera ponerlo en una camiseta o una taza para venderlo a tus suscriptores de YouTube. Esto no solo puede ayudarte a hacer crecer tu marca, sino también a generar ingresos adicionales. TeeSpring se integra con tu cuenta de YouTube, facilitando la promoción de tu mercancía directamente en tu canal. Una vez que todo esté configurado, ¡solo te queda disfrutar de una parte de los beneficios!

6. Membresías del canal

YouTube ahora ofrece una función llamada **Membresías del Canal**, que permite a los espectadores unirse a tu canal mediante el pago de una cuota mensual. A cambio, obtienen beneficios exclusivos como emojis especiales, insignias, stickers y acceso a videos exclusivos para miembros.

Sin embargo, no todos los canales pueden ofrecer membresías. Primero debes cumplir con ciertos requisitos:

- Tu canal debe tener más de 1.000 suscriptores.
- Debes estar inscrito en el Programa de Socios de YouTube.
- Debes ser mayor de 18 años.

- Debes estar ubicado en uno de los países elegibles (Alemania, Argentina, Australia, Austria, Bahréin, Bielorrusia, Bélgica, Bolivia, Bosnia y Herzegovina, Brasil, Bulgaria, Canadá, Chile, Chipre, Colombia, Costa Rica, Croacia, Dinamarca, Ecuador, El Salvador, Estonia, Finlandia, Francia, Grecia, Guatemala, Honduras, Hong Kong, Hungría, India, Indonesia, Irlanda, Islandia, Israel, Italia, Japón, Kuwait, República Checa, República Dominicana, Letonia, Líbano, Liechtenstein, Lituania, Luxemburgo, Macedonia, Malasia, Malta, México, Países Bajos, Nueva Zelanda, Nicaragua, Noruega, Omán, Panamá, Paraguay, Perú, Filipinas, Polonia, Portugal, Qatar, Rumanía, Rusia, Arabia Saudí, Senegal, Serbia, Singapur, Eslovaquia, Eslovenia, Sudáfrica, Corea del Sur, España, Suecia, Suiza, Taiwán, Tailandia, Turquía, Uganda, Emiratos Árabes Unidos, Reino Unido, Estados Unidos, Uruguay, Vietnam).
- Tu canal debe tener la pestaña Comunidad activada.
- Tu canal no debe estar configurado como "hecho para niños".
- Tu canal no debe tener muchos videos no aptos (como los configurados como "hechos para niños" o con reclamos sobre derechos de música).
- Debes cumplir con todas las condiciones y políticas de YouTube.

Si cumples con estos requisitos y decides ofrecer membresías del canal a tus espectadores, puedes elegir entre varias "ventajas" para ofrecerles:

- Insignias
- Emojis
- Videos exclusivos
- Chats en directo
- Descargas de contenido
- Reuniones en persona
- Concursos
- Sorteos

Además, algunos creadores venden artículos físicos como stickers, tarjetas o camisetas a los miembros de su canal. Puedes ofrecer membresías con precios que van desde 0.99 $ hasta 99.99 $ al mes. Después de impuestos y tasas, los creadores obtienen el 70% de los ingresos generados por las membresías.

7. YouTube Premium

YouTube Premium es un servicio de suscripción que cuesta 11.99 $ al mes y ofrece a los espectadores varias ventajas, entre ellas:

- Ver videos sin anuncios.
- Descargar videos para verlos sin conexión.
- Reproducir videos y música en segundo plano mientras usan otras aplicaciones.
- Acceder a la aplicación YouTube Music.
- Escuchar música sin anuncios.
- Descargar música para escucharla sin conexión.
- Ver videos de YouTube Kids sin publicidad y reproducirlos sin conexión.
- Escuchar Google Play Music (en la mayoría de los países).

Como creador, no necesitas suscribirte a YouTube Premium para que tus videos se incluyan en el servicio. Incluso si alguien con una cuenta de YouTube Premium ve tus videos sin anuncios, sigues recibiendo una parte de las cuotas de membresía que los suscriptores pagan a YouTube.

8. Super Chats y Super Stickers

Los Super Chats y Super Stickers son funciones que permiten a los espectadores interactuar con los creadores durante un chat en directo. Los espectadores pueden comprar Super Chats para enviar dinero a los creadores; su comentario aparecerá resaltado en el chat. Los Super Stickers son imágenes digitales o animadas que también aparecen en el chat.

Los creadores con canales grandes y populares pueden ganar una cantidad considerable de dinero cuando los espectadores envían Super Chats y Super Stickers durante las transmisiones en directo. En ocasiones, si un canal es realmente grande, enviar un Super Chat es la única forma en que un espectador puede llamar la atención del creador. Esto se debe a que el creador recibirá una notificación cuando reciba una donación y el mensaje o los stickers aparecerán destacados en el chat.

9. Patreon

Patreon es una plataforma que permite a los creadores de YouTube ganar dinero extra a través de un sistema de membresías. Algunos creadores lo usan como un pote de propinas, mientras que otros ofrecen diferentes niveles de membresía, cada uno con recompensas distintas, como videos exclusivos o mercancía.

En comparación con las membresías de YouTube, Patreon permite a los creadores conservar una mayor parte de las ganancias. Sin embargo, las membresías de YouTube mantienen todo organizado en un solo lugar en tu canal. La elección entre una u otra plataforma depende de las preferencias y necesidades del creador.

10. Pote de propinas

Además de Patreon, los creadores pueden recibir propinas directamente en su blog, sitio web o canal de YouTube. Para hacerlo, proporciona a tu audiencia tu correo electrónico de PayPal, Stripe o Venmo. Puedes incluir un mensaje sencillo como: "Si deseas apoyar mi canal con una propina virtual, puedes enviarla a [tu dirección de correo electrónico asociada a la cuenta]".

7. La contabilidad de YouTube simplificada

Al entrar en este capítulo, quizás estés pensando: "¡Quiero empezar un canal de YouTube para no tener que lidiar con asuntos de contabilidad!" Sin embargo, ganar dinero por Internet implica pagar impuestos, incluso por las ganancias de YouTube. Aunque sería genial quedarte con todo el dinero de AdSense, si tu canal genera más de 600 $ al año, tendrás que darle una parte al gobierno. ¡Así que, te guste o no, el fisco querrá su parte de tus ganancias!

La buena noticia es que llevar la cuenta del dinero en YouTube es bastante sencillo. Además, mantener un registro preciso es importante porque puedes deducir algunos gastos relacionados con tu canal para reducir tus impuestos. Google AdSense te proporciona el formulario de impuestos 1099, lo que te permite declarar tanto ingresos como gastos.

Antes de profundizar en cómo hacer un seguimiento de tus ingresos y gastos en YouTube, es importante mencionar que no soy contadora. De hecho, yo misma contrato a un contador para que me ayude con mis impuestos. Sin embargo, te recomiendo que mantengas un registro de tus ganancias y gastos durante todo el año y consultes a un contador o experto fiscal en tu área para obtener asesoramiento personalizado. Los siguientes son solo algunos consejos.

Incluso si cuentas con la ayuda de un contador, necesitarás proporcionarle ciertos números. Por eso, es fundamental llevar un registro detallado de tus ingresos y gastos. De este modo, cuando llegue el momento de hacer la declaración de la renta, podrás entregar toda la información necesaria a tu contador.

Personalmente, recomiendo utilizar un libro de contabilidad. Estos libros se dividen en dos partes: una para los ingresos que generas con YouTube y otra para los gastos relacionados con tu canal. Hay opciones de libros de contabilidad mensuales y anuales para ayudarte a mantener un registro más preciso.

Cada mes, registra los flujos de ingresos de tu canal de YouTube. Por ejemplo:

- **AdSense**: Es el dinero que Google te paga por los anuncios en tus videos. Si ganas más de 600 en un año $, Google te enviará un formulario 1099.
- **Patrocinios**: Es el dinero que te paga una empresa por hablar de sus productos o servicios en tus videos. Normalmente no envían formularios, así que tendrás que llevar la cuenta de este dinero tú mismo.
- **Afiliados**: Es el dinero que ganas cuando la gente compra algo a través de tus enlaces de afiliado (como Amazon y otros programas de afiliación).

Estas no son las únicas fuentes de ingresos que puede tener un creador de YouTube. Muchos creadores también ganan dinero a través de membresías, Patreon, mercancía o donaciones. Si tienes ingresos de estas fuentes, añádelos también a tu contabilidad.

Si tienes derecho a un formulario 1099, puedes elegir que te lo envíen por correo o recibirlo online e imprimirlo tú mismo. YouTube te notificará cuándo está listo tu formulario 1099. Incluso si no ganas 600 $ con tu canal y no recibes el formulario fiscal 1099, debes declarar tus ingresos en tus impuestos. Consulta a un profesional fiscal de tu zona, ya que las normativas pueden variar según tu lugar de residencia. Cualquier dinero que ganes de YouTube, como AdSense, membresías o SuperChats, aparecerá en el formulario 1099 porque todo procede de Google.

En cuanto a los patrocinios, algunas empresas te proporcionarán un formulario 1099. Muchas no lo hacen, pero aún así debes registrar ese dinero. Antes de aceptar trabajar con una empresa, pregunta cuál es su política de pagos y si te facilitarán un formulario fiscal.

Si ganas 20.000 $ al año con Patreon, te enviarán un formulario 1099. En algunos estados, como Illinois, recibirás uno si ganas 1.000 $ o más. En estados como Maryland, Massachusetts, Vermont o Virginia, recibirás un formulario 1099 si ganas 600 $ o más. Incluso si no recibes un formulario, debes declarar tus ingresos de Patreon en tu declaración de impuestos. Asegúrate de consultar a un profesional fiscal de tu zona, ya que las normativas pueden variar según el estado.

Algunos YouTubers tienen enlaces de donaciones y, aunque no ganen mucho a través de estos, deben declarar esos ingresos. Si vendes productos como camisetas a través de TeeSpring, también debes registrar esas ganancias.

Una vez que hayas sumado tus ingresos de YouTube, también debes registrar tus gastos relacionados con el canal. Como el gobierno considera YouTube un negocio, puedes reclamar algunos de tus gastos como deducciones fiscales.

Si optas por el método del libro de contabilidad que mencioné anteriormente, aquí te recomiendo registrar los siguientes gastos:

- **Comisiones bancarias**: Es recomendable tener una cuenta bancaria separada solo para tus ingresos de YouTube. Muchos bancos cobran comisiones por las cuentas corrientes, pero las cooperativas de crédito suelen no hacerlo. Si ya tienes una cuenta bancaria, puedes usarla por ahora. Sin embargo, si comienzas a ganar una cantidad significativa de dinero en YouTube, es una buena idea abrir una cuenta exclusiva para tu canal.

- **Teléfono/Internet**: Tu smartphone e Internet son esenciales para gestionar tu canal, por lo que puedes deducir estos gastos. Esto incluye el costo del teléfono, el plan de datos y la conexión a Internet.
- **Equipamiento**: Aunque empieces con lo básico, necesitarás equipo para tus videos de YouTube. Artículos como cámaras, trípodes, luces, computadoras e impresoras se pueden considerar gastos empresariales deducibles.
- **Software/suscripciones**: El software de edición o las suscripciones a estos programas pueden ser costosos. Afortunadamente, también puedes deducir estos gastos. No te olvides de incluir las aplicaciones por las que pagas.
- **Material de oficina**: Artículos como papel, bolígrafos y tinta para la impresora son esenciales para la gestión de tu canal. Lleva un registro de estos gastos, ya que también son deducibles.
- **Gastos de envío**: Si organizas sorteos en tu canal y envías premios, los gastos de envío son deducibles. Lleva un registro detallado de estos costos y de los materiales de empaque (como cajas o sobres). Imprimir etiquetas de envío online puede ahorrarte dinero comparado con ir a la oficina de correos. Además, puedes solicitar recogidas gratuitas de paquetes en USPS, simplemente haz la solicitud la noche anterior.
- **Publicidad**: Si pagas por anuncios en Facebook para promocionar tu canal de YouTube, o utilizas tarjetas de presentación o cualquier otro material promocional, estos gastos son deducibles como publicidad.
- **Utilería**: Si gastas dinero en elementos para los fondos de tus videos o para mostrarlos en cámara, esos artículos son deducibles como utilería.
- **Sorteos**: Si organizas sorteos para atraer a más espectadores a tu canal, registra cuánto gastas en los premios. Hablaré más sobre esto en el próximo capítulo.
- **Viajes**: Si realizas viajes relacionados con tu canal, por ejemplo, para investigar o grabar un video, los gastos de viaje son deducibles.

- **Comidas**: Si gastas dinero en comidas para tu canal, como invitar a alguien a comer para una colaboración o hacer una crítica de un restaurante, estos gastos también son deducibles.
- **Kilometraje**: Aunque pienses que no conduces mucho para tu canal de YouTube, es probable que lo hagas. Si haces vlogs, seguramente conduces. Incluso si solo grabas videos en casa, podrías necesitar conducir ocasionalmente, como para ir a la oficina de correos o comprar premios para sorteos. Lleva un registro de tu kilometraje, ya que es deducible. Existen aplicaciones gratuitas que puedes instalar en tu teléfono para ayudarte a llevar la cuenta del kilometraje. Una buena opción es MileIQ, que rastrea la distancia recorrida solo con el movimiento de tu teléfono mientras estás en el coche.

Al final de cada mes, suma tus ingresos brutos (todo el dinero que has ganado) y tus gastos (todo el dinero que has gastado). Luego, resta tus gastos totales de tus ingresos brutos totales para calcular tu **ganancia neta mensual**. Al final del año, suma todos tus ingresos y gastos anuales para obtener una visión completa de tu desempeño financiero.

A medida que tu canal crece y comienzas a ganar más dinero, es posible que tengas que pagar impuestos sobre la renta trimestralmente. En lugar de pagar todos tus impuestos de una vez al final del año, puede que tengas que hacer pagos cada tres meses. Un contador puede ayudarte a establecer este plan, rellenando todos los formularios necesarios para que tú solo tengas que emitir los cheques y enviar los pagos. Es importante tener en cuenta que, aunque pagues impuestos a lo largo del año, podrías tener que pagar una cantidad adicional al final si tus ganancias superan las expectativas. Por otro lado, si tus ingresos son menores de lo previsto, podrías recibir un reembolso.

Busca un buen contador local que esté familiarizado con pequeñas empresas como la tuya y que pueda ayudarte con los formularios fiscales. Aunque contratar a un contador implique un gasto, vale la pena asegurarse de que tus impuestos se gestionan correctamente.

Mi último consejo es que te acostumbres a guardar el 50% de tus ganancias en tu cuenta bancaria hasta que hayas pagado todos los impuestos. Por ejemplo, si gastas todo tu dinero y luego descubres que aún debes impuestos, podrías encontrarte en una situación difícil tratando de reunir el dinero necesario. Para evitar esto, guarda la mitad de tus ganancias en tu cuenta bancaria para asegurarte de tener suficiente para cubrir tus impuestos. Una vez que hayas pagado tus impuestos, puedes utilizar el dinero restante como desees.

LOS 10 CREADORES DE YOUTUBE MEJOR PAGADOS:

10. Preston Arsement: 16 $ millones.
9. Logan Paul: 18 $ millones.
8. Dude Perfect: 20 $ millones.
7. Ryan Kaji: 27$ millones.
6. Nastya: 28 $ millones.
5. Unspeakable: 28.5 $ millones.
4. Rhett & Link: 30 $ millones.
3. Markiplier: 38 $ millones.
2. Jake Paul: 45 $ millones.
1. MrBeast: 54 $ millones.

8. Marketing y publicidad

Si quieres tener éxito en YouTube y ganar dinero con tus videos, necesitas esforzarte para atraer a la audiencia y eso comienza con la creación contenido de alta calidad. YouTube es una plataforma de redes sociales en rápido crecimiento con un excelente programa de monetización. Por ello, es crucial aprovechar Facebook, Instagram y otros sitios para dirigir tráfico a tus videos. Cuantas más personas vean tus videos, más ingresos generarás a través de anuncios. A medida que tu canal crezca y gane popularidad, es probable que recibas ofertas de empresas interesadas en patrocinar tu contenido.

Lo mejor es que las redes sociales, que pueden ayudarte a atraer tráfico a tus videos, son gratuitas y fáciles de usar. Probablemente ya tengas cuentas en algunas de ellas y, una vez que comiences a compartir tus videos, será sencillo y rápido anunciar cada nuevo lanzamiento.

Elegir un buen nombre para tu canal de YouTube es fundamental, ya que la única forma de hacer crecer tu canal y tu marca es ser reconocido con el mismo nombre y foto de perfil en todas las plataformas de redes sociales. Por eso, asegúrate de elegir un buen nombre y una buena foto de perfil desde el principio.

Aunque disfrutes creando videos en YouTube, también debes tratarlo como un trabajo o negocio. Todo lo que hagas por tu canal contribuirá a hacer crecer tu marca. Por ejemplo, si tienes un negocio de venta de libros, puedes hacer videos para que la gente descubra tus libros y utilizar tu biblioteca online para redirigir a la gente a tu canal de YouTube. Utiliza las redes sociales para promocionar tanto tus libros como tus videos. De esta manera, crearás un círculo virtuoso de promoción: YouTube, los libros y las redes sociales se apoyarán mutuamente, lo que resultará en más visualizaciones, ventas de libros y clics en los anuncios, generando así más ingresos para ti.

Si alguna vez te sientes desanimado porque tu canal no crece tan rápido como esperabas, recuerda por qué comenzaste: porque disfrutas haciéndolo. Además, tu canal de YouTube es solo una parte de un plan de negocio más amplio. Aunque no ganes dinero directamente de YouTube, los videos te ayudan a promocionar tus otros negocios de forma prácticamente gratuita.

Este capítulo abordará las diferentes formas de promocionar tus videos y hacer crecer tu canal. No es necesario que pruebes todas las estrategias, pero utilizar las redes sociales para compartir tus videos puede ser muy efectivo. Incluso si nunca has utilizado las redes sociales antes, vale la pena intentarlo para potenciar el crecimiento de tu canal.

1. Blog o sitio web

Muchos YouTubers exitosos también tienen sus propios blogs o sitios web, e incluso algunos empiezan con estos antes de sus canales de YouTube. Tener un blog o sitio web te permite ganar dinero adicional con AdSense, ya que puedes monetizar tanto tu blog como tu canal de YouTube. Además, puedes incluir anuncios de programas de afiliados y vender espacio publicitario directamente a empresas. Programas de afiliados como Amazon te proporcionan banners publicitarios para colocar en tu sitio web.

Es importante distinguir entre plataformas de blogs gratuitas y sitios web que utilizan programas de blogs. Cuando usas una plataforma de blogs gratuita, tu blog realmente no te pertenece, pertenece a la empresa que gestiona la plataforma. Existe el riesgo de que un día la cierren y pierdas todo tu contenido. Aunque sitios como Blogger y WordPress parecen seguros, siempre existe una pequeña posibilidad de que esto ocurra.

En cambio, si alojas tu blog en un servicio como Bluehost y usas WordPress, tu sitio web es completamente tuyo. Si algo le ocurriera a Blogger o a WordPress, seguirías teniendo tu sitio web porque lo posees a través de tu empresa de alojamiento. Tener tu propio sitio web también te brinda más opciones para personalizarlo. Por ejemplo, Bluehost ofrece muchos plugins gratuitos, incluyendo algunos para colocar anuncios de AdSense. Puedes elegir dónde quieres que aparezcan los anuncios y cambiar su tamaño y ubicación, lo que te permite generar ingresos adicionales.

Si tienes un sitio web o estás pensando en tener uno, considera que este puede ser tu "centro principal". Si has creado un canal de YouTube para dar apoyo a tu negocio en línea, puedes compartir tus videos y productos en tu sitio web, organizar todos tus enlaces de afiliación y recomendación, y redirigir a tus suscriptores y visitantes a tu sitio web.

Complementar un blog o sitio web con tu canal de YouTube puede ser útil, pero no es esencial. Muchos YouTubers exitosos no tienen un sitio web y se promocionan principalmente en su canal de YouTube y en otras redes sociales. Especialmente al principio, es mejor centrarse en tu canal. Más adelante, cuando tu canal esté más establecido, puedes considerar otras plataformas de redes sociales o crear un sitio web. Sin embargo, ten en cuenta que tener un sitio web implica costos, como el alojamiento, plugins y URL, que pueden sumar varios cientos de dólares al año.

Antes de invertir en un sitio web, es necesario saber cuál es tu objetivo principal. Si tu prioridad es YouTube, entonces enfócate en dirigir a las personas allí. Si decides tener tu propio sitio web, evita los blogs gratuitos y opta directamente por una versión pagada para asegurarte de que te pertenece desde el principio. Si eliges un sitio web de pago, investiga para encontrar la empresa que mejor se adapte a tus necesidades. Empresas como Bluehost son una buena opción para un "centro principal" de tu marca, pero también hay opciones más económicas como GoDaddy.

Si decides tener un blog o sitio web, recuerda que no solo se trata de escribir artículos; también implica mantenerlo. Responde a los comentarios de tus visitantes, verifica regularmente los enlaces para asegurarte de que funcionan y mantén tu sitio web actualizado. También necesitarás una dirección web, conocida como URL o nombre de dominio, que puedes comprar en sitios como GoDaddy.com (**.com** es la terminación más común para las URL). Comprar una URL cuesta dinero, pero es una buena inversión si estás comprometido con la construcción de tu marca.

Un beneficio de tener un blog es que puedes organizar sorteos allí, ya que YouTube no permite realizar sorteos en los videos. Puedes hablar de los sorteos en tus videos y dirigir a los participantes a tu blog o sitio web para inscribirse. Facebook también tiene restricciones similares, pero puedes realizar sorteos en un grupo privado. Alternativamente, puedes usar plataformas como X o Instagram, siendo Instagram especialmente fácil para contactar a los ganadores mediante mensajes directos.

En resumen, decidir si tener un blog gratuito, un sitio web de pago o ninguno depende de tus necesidades y objetivos. No es necesario tener un blog o sitio web para ser exitoso en YouTube. Sin embargo, si decides tener uno, piensa en él como la "página de inicio" de tu marca, donde puedes centralizar tus enlaces, videos y redes sociales. Y si te comprometes con la construcción de tu marca, un blog o sitio web puede ser una herramienta valiosa para tu éxito en YouTube.

Aquí te presento algunos de los sitios más populares para comprar URLs o nombres de dominio:

- **Bluehost**: Además de ser un proveedor de alojamiento web confiable, Bluehost también te permite comprar nombres de dominio. Son socios de WordPress, el software más utilizado para blogs. Puedes obtener más información en bluehost.com.
- **Domain.com**: Este sitio no solo te permite adquirir nombres de dominio, sino que también ofrece herramientas para crear sitios web y cuentas de correo electrónico. Descubre más en domain.com.
- **GoDaddy**: Uno de los nombres más reconocidos en la compra de URLs, GoDaddy gestiona más de 75 millones de dominios para

aproximadamente 18 millones de clientes. Además de nombres de dominio, ofrecen servicios de alojamiento web y correo electrónico. Más detalles en godaddy.com.

2. Facebook

Si deseas promocionar tu canal de YouTube y tu marca personal, deberías crear una página en Facebook. Esta plataforma ofrece muchas formas de interactuar con tus espectadores, incluso más que X, Pinterest e Instagram juntos. Si no quieres ocuparte de mantener un blog o un sitio web, una página de Facebook puede ser una excelente alternativa.

Compartir tus videos de YouTube en Facebook es sencillo. Hay un botón de **Compartir** debajo de todos tus videos. Solo tienes que hacer clic en el ícono de Facebook, conectar tus cuentas de YouTube y Facebook, y podrás compartir tus videos en tu página personal y/o en tu página de empresa.

Probablemente ya tengas una cuenta personal de Facebook para conectarte con tus amigos. Sin embargo, deberías crear una **página de Facebook** dedicada a tu canal de YouTube. Una cuenta personal y una página de Facebook son dos cosas diferentes.

En tu cuenta personal, la gente se hace tu "amigo". En una página de Facebook, las personas te "gustan". Tu cuenta personal tiene un límite en el número de amigos que puedes tener, pero una página puede tener tantos "me gusta" como quieras. Además, tener una página te permite mantener separadas tu vida privada y pública.

Tu cuenta personal es para tus amigos y familiares, pero tu página de Facebook es pública, así que todo el mundo puede verla y darle "me gusta". Como la página dedicada a tu canal es una página de empresa, ¡puedes aceptar patrocinios de empresas!

A medida que tu canal de YouTube crezca, algunos espectadores querrán ser amigos tuyos en tu cuenta privada de Facebook. Sin embargo, es mejor mantener tu cuenta personal en privado. A menos que conozcas bien a alguien, no añadas a tus espectadores como amigos en tu cuenta personal. Mantén tu vida privada separada de tu vida pública.

Para proteger tu privacidad, no compartas demasiado con los seguidores de tu página de empresa. Puedes "ocultar" tu cuenta personal utilizando una foto de perfil y un nombre diferente, como tu segundo nombre o tu apellido de soltera.

Piensa en tu página de empresa de Facebook como una forma de promocionar tu canal de YouTube y tu marca. Puede ser difícil decir que no a las solicitudes de amistad, pero solo "hazte amigo" de personas que conozcas realmente. Si la gente quiere conectar contigo por tus videos de YouTube, puede hacerlo dándole a "me gusta" en tu página de empresa. Asegúrate de desactivar la configuración de mensajería privada en tu página de empresa pública para evitar recibir demasiados mensajes.

Para hacer crecer tu página de Facebook, necesitas conseguir "me gusta". Puede llevar tiempo, pero te recomiendo que crees inmediatamente una página de empresa pública para mantener separadas tu vida privada y pública. Puedes crear una página de empresa en Facebook visitando **facebook.com/about/pages**.

Primero, inicia sesión en tu cuenta personal de Facebook. Luego, Facebook te guiará para crear tu página de empresa. Es gratis y fácil, y es un paso importante para hacer crecer tu marca y tu canal de YouTube.

Elige un nombre para tu página de empresa que coincida con el nombre de tu canal de YouTube y tus cuentas en redes sociales. Esto asegura que tu marca sea reconocida en todas las plataformas.

Una vez creada tu página de empresa en Facebook, personalízala a tu gusto. Añade una foto de perfil y un banner para la parte superior de tu página. Para personalizar tus imágenes, puedes utilizar aplicaciones como Canva y WordSwag.

Recuerda que esta página es para tu negocio, así que mantenla profesional. No publiques fotos controvertidas. Observa lo que otros YouTubers comparten en sus páginas de Facebook para inspirarte.

Rellena la sección **Información** de tu página para comunicarle a la gente sobre tu canal de YouTube. Dado que es una página de empresa, ten cuidado con lo que compartes. Por ejemplo, es probable que no quieras compartir tu número de teléfono a menos que tengas una tienda física.

Elige una categoría para tu página, como **Personaje público** o **Animador**. Te sugiero seleccionar **Blog personal** o Sitio web. Evita llamarte figura pública hasta que tengas al menos un millón de suscriptores.

Puedes personalizar la dirección web (URL) de tu página de Facebook para que coincida con los nombres de tus canales de Facebook y YouTube. Esto creará un enlace en el que se puede hacer clic y que deberás añadir a la sección **Información básica** de tu canal de YouTube y en la descripción de todos tus videos.

Cuando rellenes la sección **Información** de tu página de Facebook, puedes elegir añadir tu ubicación, pero te recomiendo dejarla en blanco para mantener la privacidad. Hay dos campos de descripción: en el primero, escribe una frase breve sobre quién eres, y en el segundo, proporciona más información sobre ti. Estos datos se pueden cambiar en cualquier momento.

Verás las estadísticas de tu página, incluyendo a cuántas personas les gusta y cuántas la siguen. Debajo, hay un espacio para poner una URL. Si creaste tu página de Facebook solo para tu canal de YouTube, pon aquí el link de tu canal.

En la siguiente sección, puedes añadir tu número de teléfono, pero es mejor dejarlo vacío a menos que tengas una tienda física. Añade tu dirección de correo electrónico de empresa o la que utilizaste al iniciar tu canal de YouTube. También puedes elegir categorías adicionales y añadir tus otros enlaces de redes sociales.

También te recomiendo que dediques algo de tiempo a personalizar la **Configuración** de tu página, que encontrarás en la parte izquierda de la misma. Hay muchas opciones entre las que elegir, pero te sugiero las siguientes:

- **Visibilidad de la página:** Página publicada (un requisito si quieres que sea pública en Facebook).
- **Publicaciones de visitantes:** Desactiva las publicaciones de otras personas en la página (puedes elegir esta opción para evitar el spam y los trolls).

- **Compartir publicaciones e historias:** Permite compartir en historias (esto permite a tus seguidores compartir tus publicaciones con sus amigos de Facebook, lo que puede ayudarte a conseguir más seguidores y clics en tu canal de YouTube).
- **Optimización de la audiencia de las publicaciones:** Puedes dejarlo en blanco.
- **Mensajes:** Esta es una decisión personal; si te sientes cómodo con que tus seguidores te envíen mensajes a través de Facebook, puedes seleccionar esta opción. De lo contrario, puedes desactivar la función de mensajería.
- **Posibilidad de etiquetado:** Para mantener el control sobre tu contenido, no permitas que otros etiqueten las fotos y videos que publiques en tu página.
- **Otros etiquetan esta página:** Para mantener el control sobre tu contenido, desactiva esta opción.
- **Restricción de país:** Ninguna.
- **Restricciones de edad:** Puedes decidirlo según tu contenido. Si crees que puede ser visto por cualquiera, elige "Público". Hay opciones como "mayores de 17 años", "mayores de 18 años", "mayores de 19 años", "mayores de 21 años" y "relacionadas con el alcohol".
- **Moderación de página:** Puedes bloquear publicaciones o comentarios que contengan palabras específicas o puedes dejar esta opción en blanco.
- **Filtro de profanidad:** Puedes desactivarlo o seleccionar "Medio" o "Fuerte".
- **Sugerencias de páginas similares:** Elige que tu página se incluya cuando se recomienden páginas de Facebook similares.
- **Actualizaciones de página:** Elige publicar posts cuando se añada información en tu página.
- **Publicar en varios idiomas:** Si solo hablas un idioma, puedes mantener esta opción desactivada. Si conoces más de un idioma y gestionas tu negocio o marca en diferentes idiomas, puedes activarlo.
- **Traducir automáticamente:** Selecciona esta opción para que Facebook muestre traducciones automáticas de tus publicaciones a personas que hablan otros idiomas cuando estén disponibles.

- **Ranking de comentarios:** Selecciona esta opción si quieres que Facebook muestre por defecto los comentarios más relevantes.
- **Distribución de contenido:** Elige no prohibir las descargas en Facebook.
- **Página de descarga:** Tú decides.
- **Página de fusión:** Tú decides.
- **Eliminar página:** Esta opción elimina tu página de Facebook para que nadie pueda verla ni encontrarla. Si decides eliminarla, tienes catorce días para restaurarla en caso de que cambies de opinión.

Una vez que tu página de empresa de Facebook esté lista, ¡es hora de conseguir seguidores y construir tu audiencia! Invita a amigos y familiares desde tu cuenta personal a que le den "me gusta" a tu nueva página de empresa. También puedes compartir el enlace a tu página de Facebook en tu canal de YouTube, añadiéndolo en la sección de **Información básica** y en la descripción de tus videos.

Como regla general, una vez que todas tus cuentas de redes sociales estén en funcionamiento, asegúrate de añadir los enlaces en la sección de **Información básica** de tu canal de YouTube y en la descripción de cada video. Recuerda incluir la URL completa, empezando por **https://**, para que los espectadores puedan hacer clic en ella.

Para facilitar esta tarea, guarda la descripción completa de tus videos (con todos los enlaces a tus redes sociales) en un documento de Word o en una nota y simplemente cópiala y pégala en el cuadro de descripción cada vez que subas un video. O deja que YouTube lo haga automáticamente:

1. Haz clic en el ícono de tu perfil en la esquina superior derecha.
2. Selecciona **YouTube Studio**.
3. Ve a **Configuración** en la parte inferior de la barra lateral izquierda.
4. Haz clic en **Cargar valores predeterminados** y añade la descripción que deseas para todos tus videos, incluyendo enlaces y etiquetas.
5. Haz clic en **Guardar**.

A partir de ahora, cada vez que subas un nuevo video, la descripción que has configurado se añadirá automáticamente y no tendrás que copiarla y pegarla manualmente.

Como mencioné antes, asegúrate de que todas tus cuentas de redes sociales y sitios web trabajen en conjunto para atraer tráfico a tus videos de YouTube. Cuando subas un nuevo video, comparte el enlace en Facebook. Lamentablemente, Facebook está dificultando cada vez más que la gente vea las publicaciones, ocultando las de páginas de empresa a menos que pagues para que se muestren. Es frustrante, pero hay formas de hacer que tus publicaciones sean más visibles.

Cuando tengas una página de empresa y empieces a publicar en ella, verás botones de **Promoción** debajo de tus publicaciones. Estos botones te animan a pagar para mostrar tus nuevas publicaciones a tus seguidores. Aunque puede parecer una buena idea gastar 5 dólares o más para asegurarte de que tus publicaciones se vean, no siempre merece la pena. En lugar de promocionar todas las publicaciones, intenta gastar 5 dólares de vez en cuando para promocionar alguna publicación y ver si ayuda a que más gente le dé "me gusta" a tu página o se suscriba a tu canal de YouTube.

Te sugiero que elijas un video cada semana para promocionarlo en Facebook, preferiblemente uno que ya esté funcionando bien. Puede que te preguntes por qué elegir un video que ya está teniendo éxito y la razón es la idea de "la fruta al alcance de la mano". Es más fácil promocionar un video que ya le vaya bien porque así es probable que atraiga aún más atención y lleve a la gente a ver tus otros videos.

Lo mismo ocurre con la colocación de anuncios en un video de YouTube que ya está teniendo éxito. Si mucha gente ya encuentra el video de forma orgánica, aún más personas querrán verlo cuando noten que se está haciendo popular.

En YouTube, la gente tiende a elegir los videos con más visualizaciones. Por ejemplo, si buscas "la mejor cámara para vlogging" en YouTube, verás muchos videos similares, pero la principal diferencia es cuántas visualizaciones tiene cada uno. ¿Cuál verías? ¿El que tiene pocas visualizaciones o el que tiene muchas? Probablemente elegirías el que tiene más visualizaciones, ¿verdad?

Todo esto quiere decir que, si tienes un video que funciona muy bien en YouTube, te sugiero que lo promociones en Facebook. Promocionar una publicación significa convertirla en un anuncio que se muestra a un público específico. Facebook puede dirigir tu anuncio a las personas que cree que estarán más interesadas, o tú puedes elegir quién lo ve.

Cuando promociones una publicación que incluya un video de YouTube en Facebook, elige que Facebook lo muestre a las personas a las que ya les gusta tu página y a sus amigos y familiares. Probablemente has visto anuncios en Facebook que muestran a cuáles de tus amigos les gusta esa marca. Cuando ves que a tus amigos les gusta algo, es más probable que hagas clic en el anuncio. Pero si estás empezando en YouTube y aún no tienes mucha gente a la que le guste tu página, deja que Facebook decida quién ve el anuncio. Puedes establecer un presupuesto pequeño, incluso de solo 5 dólares, durante unos días y ver cómo funciona.

Ten en cuenta que Facebook puede ser exigente con las publicaciones que muestra a tus seguidores, por lo que compartir enlaces de videos de YouTube en tu página no será suficiente. A Facebook le gusta que publiques contenido original, como actualizaciones o fotos. Así que, si te tomas en serio tener una página de Facebook, asegúrate de escribir algo nuevo en tu página todos los días. Este tipo de publicaciones tienen más probabilidades de ser vistas por tus seguidores que los simples enlaces que compartes de YouTube. A veces, también puedes compartir fotos y, si has vinculado tus cuentas de Instagram y Facebook, puedes compartir fácilmente en Facebook lo que publiques en Instagram. ¡Así haces dos publicaciones en redes sociales en un solo paso!

Otra forma de atraer a los seguidores de tu página de Facebook es ofrecerles **avances** de tus próximos videos. Puedes publicar una foto tuya preparándote para grabar o algo emocionante del video que estás a punto de compartir y decirles que el video saldrá pronto. Anima a tus seguidores a que les guste y comenten tus publicaciones, porque cuando a la gente le gusta o comenta algo, aparece en los feeds de sus amigos, lo que ayuda a que más gente encuentre tu página. Probablemente has visto que esto ocurre en tu propio feed de Facebook. Te aparece cuando a tus amigos les gusta algo y tú también puedes dar "me gusta" fácilmente a la página haciendo clic en el botón "pulgar arriba".

¿Recuerdas cuando mencioné usar Facebook como tu página web en lugar de tener un blog o una página web aparte? Muchos YouTubers lo hacen. Si tienes poco tiempo o no quieres la molestia de gestionar otro sitio web, Facebook y otras plataformas de redes sociales podrían ser todo lo que necesitas para promocionar tu canal. Te recomiendo que empieces primero por Facebook y que consideres un blog o un sitio web más adelante si lo deseas.

Por último, también puedes crear un grupo privado en Facebook para interactuar más con tus seguidores, pero es algo que debes considerar una vez que tengas cierto número de seguidores. Esto se ha convertido en una forma popular de conectar con tus espectadores en un espacio privado. Puedes publicar tus nuevos videos antes de que salgan en YouTube, responder a las preguntas de tus espectadores, darles consejos exclusivos e incluso hacer sorteos. Esto ayuda a crear **fidelidad** en tus seguidores. ¿Y lo mejor? ¡Facebook hace que todo esto sea posible, fácil y gratis!

3. X (anteriormente Twitter)

Si aún no tienes una cuenta en X, puedes crear una en Twitter.com (todavía usa la antigua URL del sitio web). Si ya tienes una cuenta pero la usas para fines personales, considera crear una nueva exclusivamente para tu canal de YouTube.

Al igual que con Facebook, es recomendable mantener separadas tu vida personal y tu actividad en YouTube en X. Asegúrate de que tu nombre de usuario en X coincida con el nombre de tu canal de YouTube. Es importante que tus seguidores te reconozcan con el mismo nombre en todas tus cuentas de redes sociales. Recuerda que necesitarás una dirección de correo electrónico diferente para cada cuenta de X que crees. Si obtuviste una dirección de Gmail al crear tus cuentas de Google y YouTube, puedes usar esa.

X es otra forma gratuita y sencilla de interactuar con tus espectadores y dirigirlos a tu canal de YouTube. Compartir tus videos de YouTube en X es fácil: simplemente haz clic en el botón de **X** en la opción **Compartir** de tu video y enlaza tus cuentas de YouTube y X. Entonces, el título, el enlace y la miniatura de tu video se compartirán en X.

En X, puedes compartir publicaciones de hasta 280 caracteres. Cuando compartas tu video, añade hashtags para aumentar la exposición de tu publicación. Los hashtags son palabras que empiezan con el símbolo de numeral (#). Por ejemplo, si haces un video sobre la venta de libros en Amazon, podrías utilizar hashtags como:

- #amazon
- #venderenamazon
- #libros
- #dineroenlinea
- #youtube
- #video

Intenta añadir tantos hashtags como sea permitido, ya que los usuarios expertos en X buscan contenidos mediante hashtags, lo que aumenta la visibilidad de tus videos.

Cuando compartes un video de YouTube en X, automáticamente se menciona la cuenta oficial de YouTube. No elimines esta mención, ya que es una forma adicional y gratuita de obtener más visualizaciones. Las personas que siguen a YouTube podrían ver tu mención y hacer clic para ver tu video.

Si decides tener una cuenta de X exclusiva para tu canal de YouTube, recuerda que necesitarás dedicar tiempo para interactuar con otros usuarios. Puedes hacerlo fácilmente desde tu teléfono mientras te relajas viendo la televisión. Sigue a otros creadores de YouTube, retuitea publicaciones que te gusten, responde a tuits y publica tus propios mensajes. X funciona mejor cuando te relacionas activamente con otros usuarios, así que dedicar tiempo cada día a establecer contactos te ayudará a conseguir más seguidores.

Algunos usuarios de X siguen a todos los que les siguen, lo que puede ayudarte a aumentar tu número de seguidores. También puedes **interactuar** respondiendo, retuiteando o dando me gusta a los tuits de otros usuarios. No olvides añadir tu enlace de X en tu página de empresa de Facebook para que tus fans también puedan seguirte allí. Una vez a la semana, publica tu enlace de X en Facebook para que tus seguidores puedan hacer clic fácilmente y seguirte.

Asegúrate también de incluir tu enlace de X en la sección de **Información básica** de tu canal de YouTube y en la descripción de tus videos. Recuerda añadir **https://** al enlace para que tus suscriptores puedan hacer clic directamente en tu cuenta de X.

En X, la función **Editar perfil** en la página de inicio te permite personalizar tu perfil, incluyendo la información que los usuarios ven al hacer clic en él. Añade una foto de perfil clara (la misma que usas en tus cuentas de YouTube y Facebook) y una imagen de perfil atractiva. Escribe una descripción breve y llamativa sobre ti, e incluye el enlace a tu canal de YouTube para que los visitantes puedan acceder fácilmente a tus videos. También puedes personalizar el tema de tu perfil para que resalte.

Recuerda que X ya no es tan popular como solía ser, así que no te preocupes demasiado si no obtienes muchos seguidores de inmediato. Hoy en día, la mayoría de las personas buscan contenido a través de hashtags en X y, aunque encuentren tu contenido, no siempre seguirán tu cuenta. Lo importante es que tus videos sean vistos y que los usuarios hagan clic en tus tuits. Si logras que tus tuits atraigan la atención hacia tus videos, el número de seguidores se vuelve menos relevante.

Personalizar tu página en X, publicar con regularidad, usar hashtags adecuados y establecer conexiones con otros usuarios cada día te ayudará a dirigir tráfico a tus videos de YouTube y a aumentar tus suscriptores, lo que puede resultar en mayores ingresos por AdSense. Con una base sólida de seguidores en X, también tendrás la oportunidad de negociar contenido patrocinado.

4. Pinterest

Pinterest a menudo se pasa por alto cuando se trata de promocionar canales de YouTube, pero es una herramienta fácil y gratuita para atraer tráfico a tus videos y aumentar sus visualizaciones, ¡lo que puede traducirse en mayores ingresos por anuncios!

Si aún no tienes una cuenta en Pinterest, puedes crear una en pinterest.com. Si ya eres usuario, considera crear un tablero dedicado exclusivamente a tus videos de YouTube. Si tu cuenta actual abarca diversos temas y tus videos no encajan bien, podrías abrir una cuenta nueva solo para tu canal de YouTube.

Pinterest permite crear tableros y fijar contenido: puedes fijar pines de otros usuarios así como compartir los tuyos. Aunque Pinterest solía centrarse en manualidades y recetas, ahora se ha convertido en una plataforma valiosa para las empresas que desean mostrar sus productos y fortalecer la lealtad de marca. A medida que tu marca crezca, considera incorporar Pinterest en tu estrategia de marketing.

Una vez que hayas configurado tu cuenta de Pinterest o tu tablero dedicado a tus videos, puedes compartir cada nuevo video haciendo clic en el ícono de Pinterest en el botón de **Compartir**. Tus seguidores en Pinterest verán el pin en su feed y podrán hacer clic para verlo. Si les gusta, pueden "repinear" tu contenido para que sus seguidores también lo vean. Muchos usuarios han notado un aumento significativo en el tráfico hacia su canal de YouTube al empezar a pinear sus videos.

Al igual que conectas tu canal de YouTube con Facebook y X, asegúrate de vincularlo también con Pinterest. Incluye tu enlace de Pinterest en el perfil de tu canal de YouTube y en la descripción de tus videos. Agrega el enlace también a la sección de **Información general** en tu página de empresa de Facebook. Recuerda compartir regularmente tu enlace de Pinterest en Facebook y X para ganar más seguidores.

En definitiva, hacer que todas tus plataformas trabajen juntas es clave. Añade todos tus enlaces en Facebook, X y YouTube para dirigir tráfico a cada cuenta y aumentar tus visitas. Cuanto más compartas tu enlace de YouTube, más gente verá tus videos y crecerá tu canal.

5. Instagram

Instagram es una forma gratuita y dinámica de conectar con tus suscriptores de YouTube y atraer más tráfico a tu canal. De hecho, puede ser incluso más efectivo para dirigir visitantes a tu canal que Facebook, X y Pinterest juntos.

Para empezar, visita **Instagram.com** y crea una cuenta. Asegúrate de que tu nombre de usuario en Instagram sea el mismo que el de tu canal de YouTube y tus otras redes sociales. Si ya tienes una cuenta personal, considera abrir una nueva exclusivamente para tu marca y canal de YouTube.

Instagram permite compartir fotos, dar "me gusta" y comentar en las publicaciones de otros usuarios. Aunque no puedes subir videos completos de YouTube, puedes usar Instagram para compartir contenido visual atractivo y agregar enlaces a tu canal en tus fotos y en tu perfil. También puedes publicar videos cortos en **Historias** y **Reels**, o en publicaciones de hasta un minuto.

- **Historias de Instagram**

Si usas Instagram, probablemente hayas notado las pequeñas fotos en la parte superior de la pantalla, que muestran las "historias" de las personas que sigues. Al tocar una de estas fotos, puedes ver fotos o videos que han publicado, los cuales están disponibles durante veinticuatro horas antes de desaparecer. Mientras haya un anillo de colores alrededor de la foto de perfil, significa que hay una historia nueva para ver.

Crear tu propia historia de Instagram es sencillo. Solo tienes que tocar el signo + en la parte superior de la pantalla y elegir entre hacer una publicación normal para tu feed, o seleccionar **Historia**, **Reels** o **Live**. Si eliges **Historia**, puedes subir una foto o un clip corto de entre quince y sesenta segundos desde la galería de tu teléfono. También puedes tomar una nueva foto o grabar un video directamente desde la aplicación Instagram. Verás un gran círculo blanco en la parte inferior de la pantalla para capturar contenido y puedes aplicar diversos filtros para darle un toque especial a tus historias.

Para promocionar tu canal de YouTube en tus historias, puedes usar la miniatura del video que deseas destacar y agregar un enlace directo al video. De esta manera, tus seguidores podrán tocar el enlace y ser llevados directamente a tu canal de YouTube.

Si tienes varios enlaces que quieres compartir, como los de tu canal de YouTube, otras cuentas de redes sociales o enlaces de afiliado, Instagram facilita esta tarea. Antes, solo se permitía un enlace en tu perfil y se solía usar una herramienta como **Link tree** para gestionar múltiples enlaces. Sin embargo, en 2023, Instagram actualizó su función, permitiendo ahora añadir hasta cinco enlaces externos en tu perfil. Solo tienes que introducir las URLs, añadir títulos si lo deseas, guardarlas, ¡y listo!

Link Tree es una landing page, o página de aterrizaje, que te permite agrupar varios enlaces bajo un solo link accesible. Existen diversas empresas que ofrecen este servicio, algunas con versiones gratuitas y otras con opciones de pago más avanzadas. Te recomiendo comenzar con la versión gratuita para ver si se ajusta a tus necesidades y, si en el futuro requieres más funcionalidades, siempre puedes optar por una suscripción de pago. Aquí tienes algunas alternativas a Linktree:

- **Beacons:** Ofrece una opción para ganar dinero con los enlaces, lo que la diferencia de otras plataformas.
- **Campsite:** Destaca por permitir agregar imágenes junto a los enlaces, creando un atractivo visual.
- **Linktree:** Fue el primero en ofrecer este tipo de servicio y sigue siendo el más popular.
- ContactInBio: Es el segundo más popular después de Linktree, con características similares.
- **Lnk.bio:** Se caracteriza por su diseño minimalista y sus funciones limitadas en la versión gratuita.
- **Milkshake:** Se distingue por convertir tu "enlace en bio" en un sitio web gratuito, ofreciendo más versatilidad.
- **TapBio:** Utiliza datos de Instagram y YouTube para crear "tarjetas" clicables que facilitan la navegación.

Ahora que has resuelto el tema de los enlaces y te sientes cómodo utilizando las historias de Instagram, es momento de explorar una nueva función: los **Reels** de Instagram.

- **Reels de Instagram**

Los reels te permiten crear videos cortos que puedes publicar en tu feed. A diferencia de las historias, que desaparecen después de veinticuatro horas, los reels permanecen en tu perfil de Instagram de manera permanente.

Para crear un reel, selecciona la opción **Reels** en la parte inferior de la cámara de Instagram. Luego, usa las herramientas de edición creativa a la izquierda para personalizarlo. Estas herramientas incluyen:

- **Audio:** Puedes seleccionar una canción de la biblioteca de música de Instagram o utilizar tu propia música grabando un reel con ella. Si compartes un reel con audio original, se te atribuirá el audio y, si tu cuenta es pública, otras personas también podrán utilizar tu audio en sus reels.
- **Efectos AR:** Escoge uno de los muchos efectos disponibles en la galería para grabar clips con diferentes efectos visuales.
- **Temporizador y cuenta regresiva:** Usa el temporizador para grabar con manos libres. Al pulsar el botón de grabar, verás una cuenta regresiva de 3-2-1 antes de que comience la grabación durante el tiempo que hayas configurado.
- **Alinear:** Ajusta los objetos de tu clip anterior para que coincidan con los del siguiente, lo que facilita la creación de transiciones suaves entre clips.
- **Velocidad:** Modifica la velocidad del video o del audio para acelerar o ralentizar ciertas partes del contenido.

Para crear un reel, puedes grabar clips por separado, uno tras otro, o hacerlo todo de una vez. También puedes usar videos que ya tienes guardados en la galería de tu teléfono. Solo mantén pulsado el botón de captura para comenzar a grabar el primer clip y verás un indicador de progreso en la parte superior de la pantalla. Suelta el botón cuando hayas terminado con cada clip.

Esto es lo que dice Instagram sobre compartir reels:

"Puedes compartir reels con tus seguidores y también pueden ser descubiertos por la amplia y diversa comunidad de Instagram en Explorar."

Si tienes una cuenta pública: Puedes compartir tu reel en un espacio dedicado en Explorar, lo que le da la oportunidad de ser visto por una audiencia más amplia en Instagram. También puedes publicarlo en tu feed para que lo vean tus seguidores.

Si tienes una cuenta privada: Los reels seguirán tu configuración de privacidad en Instagram. Puedes compartirlos en tu feed para que solo tus seguidores puedan verlos. El audio original de tus reels no estará disponible para otros usuarios y no podrás compartir tus reels con personas que no te sigan.

Tanto si tienes una cuenta pública como privada, puedes compartir tu reel en tu historia, con amigos cercanos o en un mensaje directo. Al hacerlo, tu reel se comportará como una historia normal: no se compartirá en la sección de Reels en Explorar, no aparecerá en tu perfil y desaparecerá después de veinticuatro horas.

- **Live de Instagram**

Además de las publicaciones, historias y reels, Instagram ofrece la opción de transmitir **en vivo** y una función llamada **Live Room**, que te permite retransmitir en directo en conjunto con hasta tres personas. Aquí te explico cómo iniciar una Live Room en Instagram:

1. Desliza el dedo hacia la izquierda en tu pantalla principal y selecciona la opción de cámara Live.
2. Añade un título a tu transmisión y toca el ícono de Room para invitar a tus invitados.
3. Verás las solicitudes de personas que quieren unirse a tu directo y también puedes buscar y añadir a otros invitados.

Cuando inicies una Live Room, los invitados aparecerán en la parte superior de la pantalla. Puedes añadir hasta tres invitados a la vez, o hacerlo de manera escalonada (por ejemplo, empezar con dos invitados y añadir un tercero más tarde). Hacer un Live con varios invitados es una excelente manera de ampliar tu alcance, ya que los seguidores de los invitados también recibirán notificaciones sobre la transmisión.

Pero no es necesario que crees una Live Room si prefieres hacer una transmisión en solitario. La opción de Live en Instagram te ofrece una oportunidad adicional para ganar dinero con tus videos en directo. Según Instagram:

"Los creadores siempre han sido el núcleo de nuestra comunidad [...] han inspirado a personas de todo el mundo con su talento, han compartido sus vidas y han construido sus marcas personales desde cero. Siempre nos hemos comprometido a apoyar a los creadores para que conviertan su pasión en un medio de vida [...] eso significa proporcionar una mezcla de herramientas de monetización para ayudar a creadores de todos los tamaños, desde los emergentes a los más establecidos."

Insignias en Live: Durante la pandemia de COVID-19, vimos cómo las personas apoyaban a sus creadores favoritos en Live mediante comentarios, "me gusta" y donaciones. Con las insignias, los creadores ahora pueden ganar dinero directamente a partir de sus transmisiones en vivo.

Las **Insignias de Instagram** están disponibles para la compra bajo tres opciones: 99 céntimos, 1,99 $ o tres por 4,99 $. Funcionan como una especie de propina digital para apoyar a los creadores. En este momento, solo algunas cuentas tienen acceso a esta función, pero Instagram te notificará si cumples con los requisitos para utilizarla.

Algunos creadores han logrado ganar dinero con las insignias en Instagram, pero el potencial de ingresos no se compara con el de YouTube, donde los anuncios pueden generar ingresos más significativos a través de AdSense. En Instagram, las propinas en Live son opcionales y no garantizadas.

A pesar de esto, explorar todas las funciones de Instagram, como Reels y Live, sigue siendo una buena idea. Aunque es posible que no las utilices de inmediato, familiarizarte con ellas puede ser beneficioso, especialmente porque Instagram añade constantemente nuevas características.

Además, Instagram ofrece una excelente oportunidad para conectar con tus suscriptores en un nivel más personal. Puedes compartir aspectos de tu vida cotidiana, como fotos de tus mascotas, actividades o comidas. ¡A los usuarios de Instagram les encantan las fotos de comida! También puedes publicar chistes y memes, ya que suelen recibir muchas interacciones. La clave es mantener un equilibrio entre el contenido profesional y personal para atraer a seguidores interesados en tu trabajo y en ti como persona.

No olvides que los hashtags en Instagram son esenciales para aumentar la visibilidad de tus publicaciones. Utiliza de uno a tres hashtags relevantes con cada foto que publiques y sé específico. Por ejemplo, si compartes una foto de un libro que has reseñado en YouTube, podrías usar hashtags como:

- #reseñaindependientedelibros
- #reseñadelibrosdenoficción

Aquí tienes un práctico consejo: crea una lista de hashtags en la aplicación Notas de tu teléfono para que puedas copiar y pegar fácilmente en tus publicaciones de Instagram. Utilizar hashtags es clave para ayudar a las personas a encontrar tus publicaciones cuando buscan temas específicos. Por lo tanto, elegir hashtags relevantes y específicos aumenta las posibilidades de que tus publicaciones sean vistas.

Si tu cuenta de Instagram es pública, los hashtags pueden atraer a nuevos usuarios a tus publicaciones. Aunque no siempre se conviertan en seguidores, pueden visitar tu perfil y hacer clic en los enlaces a tu canal de YouTube. Recuerda, el objetivo principal es dirigir tráfico a tu canal donde generas ingresos.

Para promocionar tu canal de YouTube en Instagram, comparte la miniatura de tu video y anima a tus seguidores a verlo en tu canal. Añade el enlace a tu canal de YouTube en tu biografía y en tu publicación escribe algo como: "¡Nuevo video en mi canal de YouTube! Míralo haciendo clic en el enlace de mi biografía". Esto incentivará a tus seguidores a visitar tu perfil y hacer clic en el enlace.

Al igual que en X y Pinterest, conectar con otros usuarios en Instagram es importante. Dedica unos minutos cada día a explorar el feed, dar me gusta a las fotos y dejar comentarios. Interactuar con las publicaciones de otros es una excelente manera de aumentar tu visibilidad y fortalecer tu presencia en la plataforma.

6. TikTok

Desde su lanzamiento en 2018, TikTok ha experimentado un crecimiento explosivo, alcanzando más de 1.500 millones de usuarios activos en pocos años. Esta plataforma de redes sociales, conocida por sus videos cortos de entre quince segundos y tres minutos, ha evolucionado más allá de sus inicios centrados en la música y el baile. Hoy en día, abarca una amplia variedad de temas, desde cocina y moda hasta chismes y entretenimiento, atrayendo tanto a usuarios comunes como a celebridades de renombre mundial.

¿Cómo puede TikTok beneficiar tu canal de YouTube? La clave está en la estrategia que adoptes. Puedes utilizar TikTok para anunciar nuevos videos en tu canal, compartir clips de videos recientes o crear contenido que complemente tu presencia en otras redes sociales. Los creadores que tienen éxito en TikTok suelen publicar contenido de manera regular, así que establecer un horario de publicación puede ayudarte a mantener una presencia constante.

Una excelente forma de aprovechar TikTok es crear publicaciones que también puedas compartir en Instagram, Facebook y YouTube. Por ejemplo, graba un video de menos de un minuto en TikTok destacando o comentando partes de tu nuevo video. Luego, descarga el video en tu teléfono. Puedes usarlo para:

- **Instagram:** Crea un **Reel** con el video descargado y compártelo también en tus **Historias**.
- **Facebook:** Comparte el video de TikTok en tu **página de empresa**.
- **YouTube:** Si el video dura entre quince y sesenta segundos, súbelo como un Short de YouTube. Si es más largo, puedes subirlo como un video estándar en tu canal.

Al seguir este enfoque, maximizarás el alcance de tu contenido y atraerás a más espectadores a tu canal de YouTube a través de múltiples plataformas.

En menos de diez minutos, puedes compartir el mismo video corto en TikTok, reels de Instagram, historias de Instagram, Facebook y YouTube. Esta estrategia de promoción cruzada te permitirá maximizar el alcance de tu contenido utilizando todas tus redes sociales.

TikTok solo permite tener un enlace en tu perfil, por lo que si necesitas añadir más enlaces, considera usar Linktree u otras alternativas.

Una ventaja de TikTok es que te permite conectar tus cuentas de Instagram y YouTube mediante íconos en tu biografía. Esto te da la flexibilidad de utilizar tu enlace principal para otro propósito como tu sitio web, página de Facebook o cualquier otro destino que prefieras para tus seguidores.

7. Shorts de YouTube

En 2022, YouTube lanzó los Shorts en respuesta a la creciente popularidad de TikTok. Los shorts permiten crear y subir videos realmente cortos, de menos de sesenta segundos, directamente en YouTube. Son una forma efectiva de mantener el interés de tus suscriptores y atraer nuevos espectadores. Además, son fáciles de hacer y subir desde tu móvil.

Sigue estos pasos para crear un short en YouTube:

1. Abre la aplicación de YouTube en tu dispositivo móvil.
2. Pulsa el signo + dentro del círculo para comenzar a crear un short.
3. Para grabar un short de más de quince segundos, toca el botón **15** encima del botón de grabación y ajusta el tiempo hasta un máximo de sesenta segundos.
4. Graba tu video.
5. Edita el video: puedes deshacer y rehacer los clips según lo necesites.
6. Pulsa **Listo** para previsualizar y hacer ajustes a tu video.
7. Guarda como borrador si necesitas tiempo para realizar más cambios.
8. Toca **Siguiente** para añadir detalles a tu video. Incluye un título (hasta 100 caracteres) y ajusta la configuración del video. Puedes seleccionar **Privado** si prefieres finalizarlo en tu ordenador, o publicarlo directamente desde tu dispositivo si está listo.
9. **Selecciona la audiencia**: elige **Sí, si está hecho para niños** o **No, si no está hecho para niños**.
10. Pulsa **Subir**. Si deseas que tu short se publique, selecciona **Público**. Si eliges **Privado**, tu short permanecerá en esa configuración hasta que decidas hacerlo público.

Además, si tienes un video de TikTok que dure menos de sesenta segundos y no tenga música con licencia, puedes utilizarlo directamente desde la galería de tu teléfono para convertirlo en un short de YouTube. Esto es una forma rápida y sencilla de ampliar tu audiencia aprovechando el contenido que ya has creado.

A finales de 2022, YouTube introdujo opciones de monetización para los shorts. Para optar a la monetización, necesitas tener al menos 1.000 suscriptores y cumplir con uno de los siguientes criterios: 10 millones de visualizaciones públicas válidas en tus shorts en los últimos 90 días, o 4.000 horas de visualización pública válidas de tu contenido de formato largo en los últimos 12 meses.

8. Live de YouTube

La función de **Live en YouTube** te permite transmitir en directo a tus suscriptores y a cualquier persona que descubra tu canal. Ya sea que elijas hacer una transmisión en vivo en solitario para interactuar directamente con tus espectadores o que organices eventos colaborativos con otros creadores, el streaming en vivo es una excelente manera de conectar con tu audiencia y atraer a nuevos espectadores.

Puedes hacer transmisiones en vivo en YouTube utilizando diferentes equipos:

- Webcam de tu ordenador: Ideal para transmisiones rápidas y directas.
- Teléfono móvil: Perfecto para transmisiones en vivo sobre la marcha.
- Software de streaming: Herramientas como **StreamYard** son populares entre los creadores por su facilidad de uso y la alta calidad de video que ofrecen, a menudo superior a la de las cámaras web estándar.

Con **StreamYard**, puedes gestionar tus transmisiones en vivo con facilidad, agregar gráficos, banners y más, mejorando la calidad de tus transmisiones y ofreciendo una experiencia profesional a tus espectadores.

9. Conexiones en YouTube

Es determinante encontrar un equilibrio entre establecer conexiones con otros YouTubers y evitar la apariencia de suplicar por ayuda. Rogar directamente a otros que se suscriban a tu canal o dejar comentarios en videos populares solicitando suscripciones no es la mejor estrategia y puede, de hecho, alejar a potenciales suscriptores y espectadores.

En lugar de mendigar suscriptores, enfócate en crear contenido de alta calidad. Si tus videos son excelentes, los espectadores naturalmente se suscribirán a tu canal. Además, hay maneras constructivas de conectar con otros creadores que pueden beneficiar a ambas partes:

Apoya a otros canales: Si te gusta un canal, suscríbete a él, dale un pulgar arriba a sus videos, deja comentarios positivos y comparte su contenido en tus redes sociales. Este apoyo genuino no solo ayuda a los creadores que admiras, sino que también puede llamar la atención de sus seguidores hacia tu propio canal.

Conéctate de forma auténtica: Participa en la comunidad de YouTube de manera significativa. Interactúa con otros creadores y sus audiencias de manera auténtica y respetuosa. Este enfoque puede fomentar relaciones y abrir puertas para colaboraciones beneficiosas.

Recuerda, apoyar a otros debe hacerse con la intención genuina de contribuir a la comunidad, no con la expectativa de recibir algo a cambio, especialmente si esos canales tienen una audiencia considerablemente mayor que la tuya.

Si estableces una conexión genuina con otro YouTuber, como cuando ellos responden a tus comentarios o notan que tú compartes sus videos en redes sociales, es apropiado mencionar que también creas contenido similar. Sin embargo, no esperes nada a cambio. Deja que la relación crezca de manera orgánica. Al igual que en la vida real, las amistades en línea se dan cuando ambos se respetan y admiran mutuamente.

Si encuentras a otro creador con un número de suscriptores similar y que hace videos en tu mismo nicho, podrías proponer una **colaboración**. Las colaboraciones entre YouTubers son una excelente manera de expandir tu audiencia. Aquí algunas ideas para colaboraciones:

- **Abrir cajas sorpresa**: Enviarse mutuamente cajas con artículos y abrirlas frente a la cámara.
- **Preguntas etiqueta**: Responder juntos a preguntas típicas de "etiqueta" en tu nicho.
- **Retos en grupo**: Participa en desafíos que puedan involucrar a ambos canales.
- **Vlogs de aventuras**: Si viven cerca, pueden grabar juntos y compartir el contenido en ambos canales. Por ejemplo, los revendedores que van de compras juntos pueden hacer vlogs y animar a sus espectadores a ver los videos del otro.

Las colaboraciones no solo te ayudan a hacer amigos en YouTube, sino que también benefician a todos al atraer la atención de los espectadores a todos los canales implicados. Los creadores suelen enlazar los canales de los colaboradores en las descripciones de sus videos y compartirlos en sus redes sociales. Estar rodeado de una comunidad de YouTubers afines puede acelerar el crecimiento de tu canal, mucho más que si intentas hacerlo solo.

Recuerda: crea contenido de alta calidad, apoya a otros creadores que te gustan, utiliza tus redes sociales y deja que tu audiencia crezca de forma natural. Quieres que la gente vea y se suscriba a tus videos porque realmente disfrutan tu contenido, no porque se les haya presionado o incentivado.

Las 10 principales plataformas de redes sociales

10. Reddit: 430 millones de usuarios y 800 millones de dólares en ingresos.

9. Pinterest: 498 millones de usuarios y 981 millones de dólares en ingresos.

8. X: 550 millones de usuarios y 2.900 millones de dólares en ingresos.

7. Snapchat: 750 millones de usuarios y 4.600 millones de dólares en ingresos.

6. LinkedIn: 900 millones de usuarios y 15.700 millones de dólares en ingresos.

5. TikTok: 1.700 millones de usuarios y 16.000 millones de dólares en ingresos.

4. Instagram: 2.400 millones de usuarios y 40.000 millones de dólares en ingresos.

3. YouTube: 2.700 millones de usuarios y 31.500 millones de dólares en ingresos.

2. WhatsApp: 2.800 millones de usuarios y 5.500 millones de dólares en ingresos.

1. Facebook: 3.000 millones de usuarios y 134.000 millones de dólares en ingresos.

9. Consejos y prácticas

Aunque tener un buen equipo, producir videos de alta calidad y mantener una promoción constante son fundamentales, estos factores por sí solos no garantizan que la gente vea tus videos y se suscriba a tu canal. Aquí te comparto algunos consejos y prácticas para asegurar el éxito de tu carrera como YouTuber.

1. Pagar por suscriptores

Nunca debes pagar para que personas (o, más comúnmente, bots) se suscriban a tu canal de YouTube. Existen empresas que ofrecen incrementar tu número de suscriptores mediante estos métodos, pero las consecuencias pueden ser perjudiciales.

Primero, los suscriptores comprados generalmente no interactúan con tu contenido, lo que significa que no verán tus videos. Además, YouTube tiene la capacidad de monitorear cambios abruptos en el número de suscriptores. Un aumento repentino y sospechoso puede alertar a YouTube sobre prácticas artificiales, lo que podría llevar a sanciones que afecten tu capacidad de monetizar tu contenido.

La clave para el crecimiento sostenible de tu canal es ofrecer contenido atractivo y valioso de manera constante. El éxito en YouTube se construye lentamente, pero de manera sólida, cuando te enfocas en conectar genuinamente con tu audiencia.

2. Diseño del canal

Para personalizar el diseño de tu canal en YouTube, haz clic en tu foto de perfil en la esquina superior derecha y selecciona **Tu canal**. Desde allí, dirígete a la página de inicio de tu canal y haz clic en **Personalizar canal**. En la interfaz de personalización, encontrarás tres secciones principales: **Diseño**, **Marca** e **Información básica**.

Diseño: Aquí puedes añadir un **tráiler del canal**, que funcionará como una especie de anuncio para los visitantes que aún no se han suscrito. Este tráiler debe captar el interés de los espectadores y animarles a suscribirse. También tienes la opción de subir un **Video destacado** para dar una bienvenida especial a tus suscriptores habituales cuando regresen a tu canal.

Marca: En esta sección, puedes actualizar tu foto de perfil, que es la imagen que aparece junto a tu nombre en la página de tu canal, en tus videos y en los comentarios que hagas. Además, puedes cambiar tu **Imagen de cabecera**, que se muestra en la parte superior de tu canal. Asegúrate de utilizar una imagen de 2048x1152 píxeles y que no supere los 6 MB. Para crear estas imágenes, puedes usar herramientas gratuitas como Canva.

Un diseño atractivo y coherente no solo mejora la apariencia de tu canal, sino que también ayuda a establecer una identidad visual sólida y profesional.

Por último, puedes añadir una **Marca de agua** en tus videos, que es una pequeña imagen situada en la esquina inferior derecha de cada video. Se recomienda usar una imagen de 150x150 píxeles y que no supere 1 MB. La mayoría de los YouTubers optan por utilizar su logotipo como marca de agua para reforzar su identidad de marca.

En la sección **Información básica**, puedes incluir enlaces a tus redes sociales, como Facebook o Instagram, y añadir cualquier blog o sitio web que poseas. Antes de añadir estos enlaces, asegúrate de escribir una descripción atractiva para tu canal en el campo **Descripción**.

Un ejemplo de descripción para tu canal podría ser: "¡Hola y bienvenidos a mi canal! Me llamo [...] y soy autora y emprendedora en California. Como escritora autodidacta, mi pasión es compartir mi experiencia y conocimientos con otros. Si te interesa convertirte en escritor o iniciar un negocio de venta de libros, encontrarás consejos y sugerencias útiles en mis videos. ¡Espero que los disfrutes y te beneficies de ellos!"

Puedes incluir tu dirección de correo electrónico en la descripción para permitir que la gente te contacte, especificando que es únicamente para consultas comerciales o patrocinios si prefieres evitar correos personales. También puedes agregar tu dirección de correo electrónico en la sección **Información de contacto** al final de la página, aunque no podrás especificar el propósito.

En la sección central de la página **Información básica**, encontrarás un apartado llamado **Enlaces**. Aquí puedes añadir enlaces a tus cuentas en redes sociales, como Facebook, X, Instagram y Pinterest, así como a tu blog o sitio web.

Recuerda que toda la información que completes en la sección **Información básica** aparecerá en la ventana emergente **Acerca de**, visible al hacer clic en el símbolo > debajo del nombre, el identificador, el número de suscriptores y los videos de tu canal.

3. Descripción del video

Al subir un video a YouTube, es vital que le des un título y escribas una descripción que comunique claramente lo que quieres que hagan los espectadores. La primera línea de la descripción es la más destacada y debe captar la atención de inmediato, ya que es lo que los usuarios verán antes de decidir hacer clic para expandir el cuadro de descripción.

Algunos YouTubers optan por pedir a los espectadores que les den un "me gusta", comenten y se suscriban en esta primera línea. Si deseas promocionar tu mercancía, coloca primero el enlace a tu tienda. Luego, puedes añadir enlaces a tus redes sociales, ofrecer información sobre ti y sobre el contenido del video y, por último, proporcionar cualquier nota adicional. Si mencionas tus redes sociales en el video, asegúrate de instruir a tus espectadores para que revisen la descripción y hagan clic en **más** para ver todos los enlaces.

Como mencioné anteriormente, puedes automatizar este proceso añadiendo una descripción predeterminada a todos tus videos. Para hacerlo, ve a **YouTube Studio**, haz clic en **Configuración** (ubicado en la parte inferior izquierda) y completa el campo de descripción predeterminada en la sección **Cargar valores predeterminados**. De esta manera, YouTube añadirá automáticamente esta información a cada nuevo video que subas, ahorrándote tiempo y esfuerzo al evitar tener que copiar y pegar la misma descripción una y otra vez.

Es fundamental recordar que los espectadores solo ven las primeras tres líneas de la descripción del video a menos que hagan clic en "mostrar más". Por lo tanto, coloca la información más relevante en esas tres primeras líneas para captar su atención de inmediato. Además, asegúrate de incluir las URL completas de los sitios a los que enlazas para que los espectadores puedan hacer clic directamente y acceder a esos sitios sin problemas.

4. Me gusta y suscripciones

La mayoría de los espectadores de tus videos no buscan interactuar, como dar un pulgar hacia arriba, dejar comentarios o suscribirse a tu canal. Muchas personas encuentran tus videos a través de búsquedas o recomendaciones de YouTube y algunos ni siquiera tienen una cuenta en la plataforma, lo que les impide interactuar.

Sin embargo, para aquellos que sí tienen cuenta en YouTube, es importante animarles a interactuar. Pueden dar un pulgar hacia arriba, dejar un comentario, suscribirse a tu canal, añadir videos a sus favoritos o compartir tus videos en sus redes sociales.

Fomentar estas interacciones ayuda a difundir tus videos, ya que cuando los los espectadores dan "me gusta", comentan o se suscriben, sus seguidores pueden ver tu contenido también y explorar tu canal. A veces, los usuarios olvidan dar un pulgar arriba a un video que les ha gustado, pero al recordárselo, suelen hacerlo. Considera pedir a tus espectadores que le den un pulgar arriba si les ha gustado el video y sugiéreles que se suscriban para no perderse futuros contenidos. Puedes hacer esta solicitud al final de tus videos, al principio o incluso en la mitad, según lo que te resulte más natural. Experimenta con diferentes enfoques para ver cuál funciona mejor para ti.

5. Comentarios

Recibir comentarios en tus videos es genial... excepto cuando son malintencionados. Aunque la mayoría de los comentarios serán positivos, es posible que encuentres algunos groseros o desagradables, especialmente si tu video obtiene muchas visualizaciones. Los grandes canales con millones de visitas a menudo enfrentan una gran cantidad de comentarios de odio y esto puede llegar a ser tan problemático que incluso puede llevar a algunos creadores exitosos a abandonar la plataforma.

Algunos YouTubers prefieren no moderar los comentarios, creyendo que la libertad de expresión y cualquier tipo de interacción, ya sea positiva o negativa, ayuda al crecimiento del canal. Sin embargo, personalmente creo en la libertad de expresión, pero si un comentario es claramente malintencionado, prefiero borrarlo y bloquear al usuario. Esto asegura que esa persona ya no pueda interactuar contigo en tu canal.

Piensa en tu canal como en tu propio espacio. Así como no tolerarías comportamientos irrespetuosos en tu hogar, tampoco tienes que hacerlo en tu canal. A algunos creadores no les afectan los comentarios negativos, pero en última instancia, depende de ti cómo prefieras manejar esta situación.

Aunque el botón de "pulgar hacia abajo" aún está presente debajo de los videos, YouTube lo retiró de su sistema de conteo en 2022. Algunos lo ven como un cambio positivo, mientras que otros valoran cualquier tipo de interacción, incluso las negativas. Habrá que ver cómo evoluciona esta función en el futuro.

La mayoría de los comentarios serán amables y constructivos, pero los comentarios negativos pueden ser dañinos. Si realmente quieres hacer crecer tu canal y tu marca, te recomiendo responder a los comentarios, especialmente en los primeros días después de subir un video. Si no puedes responder a todos, al menos da "me gusta" a los comentarios positivos y muestra que los has leído haciendo clic en el ícono de corazón junto a ellos.

Responder desde el móvil puede ser complicado, pero la aplicación YouTube Studio facilita esta tarea. Puedes usarla para dar "me gusta" y responder a los comentarios de manera más eficiente.

YouTube solía notificarte cada vez que recibías un comentario, pero ahora debes revisar la actividad desde el ícono de la campana en la parte superior de la página. Esto te mostrará nuevas interacciones como **Comentarios**. Para acceder a los comentarios, haz clic en tu foto de perfil en la esquina superior derecha, selecciona **YouTube Studio** y luego ve a la sección de comentarios en la barra lateral izquierda. Aquí podrás gestionar y responder a todos los comentarios de tus videos y revisar los que podrían ser spam.

A veces, los comentarios llegan meses o incluso años después de la publicación del video. Para no perderte ninguno, es recomendable revisar la página de **Comentarios** regularmente. Responder a los comentarios o al menos mostrar que los has leído con un "corazón" es una buena práctica.

Agradecer a tu audiencia por sus "me gusta" y comentarios es importante. Sin embargo, a medida que tu canal crezca, puede hacerse más difícil responder a cada comentario individualmente. ¡Considera esto como un signo positivo de que tu canal está creciendo y se está volviendo popular!

6. Privacidad

Cuando Internet comenzó, la gente podía ocultarse tras nombres falsos y expresar lo que quisiera sin revelar su identidad. Hoy en día, con el auge de las redes sociales y plataformas como YouTube, la situación ha cambiado. Aunque no muestres tu rostro en los videos, la gente aún puede descubrir muchas cosas sobre ti. Por eso, es crucial tomar medidas de seguridad y proteger tu privacidad.

Si aspiras a convertirte en un YouTuber o influencer exitoso, es fundamental que nunca reveles tu dirección de domicilio exacta. Puedes mencionar el estado o país en el que te encuentras, pero evita dar detalles sobre la ciudad específica. No muestres la fachada de tu casa en los videos y, si necesitas proporcionar una dirección física para recibir correspondencia, considera usar un apartado de correos. Además, evita compartir detalles sobre tus planes de vacaciones o tu ubicación durante esos periodos, para no revelar cuándo estarás fuera de casa ni dónde estarás.

Incluso si eres un YouTuber a tiempo parcial, estas precauciones pueden parecer excesivas para algunos, pero nunca se es demasiado cuidadoso. Una vez que revelas información personal, esta puede quedar en Internet indefinidamente. Por lo tanto, al crear contenido, asegúrate de no compartir demasiado sobre tu ubicación o detalles personales.

7. Programación y consistencia

Para ganar dinero y hacer crecer tu canal de YouTube, es crucial seguir una programación regular para la publicación de tus videos. Algunos YouTubers eligen subir contenido el mismo día cada semana, mientras que otros prefieren publicar varios videos semanales. Por ejemplo, podrías optar por subir videos los lunes, miércoles y viernes. Mantener una programación consistente ayuda a mantener el interés de tu audiencia.

Informar a tus espectadores sobre tu calendario de publicación es una excelente manera de mantener la conexión con ellos. Si te surge algún imprevisto y no puedes cumplir con tu programación, asegúrate de comunicarlo. Puedes hacerlo a través de la pestaña **Comunidad** en YouTube, que aparecerá en el feed de tus suscriptores. También es útil compartir actualizaciones en Facebook, X e Instagram para que tus seguidores estén al tanto.

Nada es más desalentador para los espectadores que suscribirse a un canal que promete mucho contenido y luego no publica nada. Para convertirte en un YouTuber exitoso, debes ser constante. No basta con subir unos videos y luego abandonar tu canal; la consistencia es clave para atraer y retener suscriptores. Empieza con uno o dos videos a la semana y ajusta tu programación a medida que avanzas. Intentar publicar un video nuevo cada día puede llevar al agotamiento, así que es mejor establecer un ritmo que puedas mantener a largo plazo.

En cuanto a la duración de los videos, las analíticas y los espectadores parecen preferir videos de unos quince minutos. Los videos demasiado largos pueden resultar aburridos para algunos espectadores, mientras que los que son demasiado cortos podrían no generar suficientes ingresos de AdSense. Sin embargo, cada audiencia es diferente. Lo más importante es crear contenido atractivo y de alta calidad, independientemente de su duración.

Recuerda que no necesitas un equipo costoso para hacer buenos videos; tu teléfono puede ser suficiente. Asegúrate de que tus videos sean claros, estables y bien iluminados. Habla con claridad y ten un fondo adecuado si estás grabando en un entorno fijo.

Antes de compartir tu video públicamente, revísalo cuidadosamente para asegurarte de que todo se vea y suene bien. Si es necesario, considera poner el video en **Privado** inicialmente para revisarlo antes de hacerlo público. A medida que adquieras experiencia, tus habilidades mejorarán y podrás reemplazar los videos viejos con contenido de mejor calidad. ¡La práctica constante te ayudará a mejorar y a ofrecer videos cada vez más atractivos!

8. Visualizaciones y suscriptores

Cuando comienzas en YouTube, es común centrarse en conseguir un gran número de suscriptores. Sin embargo, lo que realmente importa es la cantidad de visualizaciones que reciben tus videos. En lugar de enfocarte únicamente en aumentar tus suscriptores, es crucial que te concentres en atraer espectadores que realmente vean y disfruten tus videos.

Algunas personas intentan conseguir suscriptores rápidamente pagando a otros para que se suscriban. Sin embargo, este enfoque no es efectivo, ya que los suscriptores que se obtienen de esta manera no suelen ver tus videos. Recuerda que tus ingresos de AdSense dependen de las visualizaciones de tus videos y de los clics en los anuncios, no del número de suscriptores. Por lo tanto, pagar por suscriptores no es una inversión rentable.

Para maximizar tus ganancias con Google AdSense, debes enfocarte en crear contenido atractivo que atraiga a los espectadores. Aunque no todos los que vean tus videos se suscribirán a tu canal y no todos los suscriptores verán cada video, atraer a una audiencia amplia y comprometida es fundamental. Si logras producir videos que capturen la atención de muchos espectadores, podrás generar ingresos, incluso si algunos de ellos no se suscriben.

Te recomiendo que crees videos sobre temas que realmente te apasionen. Hazlo porque disfrutas hacerlo, no solo por las potenciales ganancias. A veces, tus videos favoritos pueden tener menos visualizaciones, pero eso no debería desanimarte. Sigue produciendo contenido de calidad sobre lo que te gusta y los espectadores afines lo encontrarán.

9. Trolls

La mayoría de los comentarios en los videos de YouTube son amables y solidarios. Sin embargo, cuanto más tiempo estés en la plataforma, es probable que te encuentres con trolls: personas malintencionadas que dejan comentarios groseros o negativos utilizando nombres falsos, simplemente para causar problemas.

Aunque pueda ser tentador responderles, lo mejor es ignorarlos. Los trolls buscan provocar una reacción y discutir con ellos solo alimentará su comportamiento. Ignorarlos es la mejor manera de no darles la atención que desean.

Si encuentras un comentario malintencionado o inapropiado, tienes varias opciones. Puedes optar por borrarlo, denunciarlo o bloquear al usuario para que no pueda interactuar más con tu canal. Personalmente, creo en tratar a todos con respeto, ya sea en línea o en persona. Si alguien no te dice algo amable en persona, tampoco lo haría en Internet. No tomes estos comentarios de manera personal; a menudo, las personas que hacen comentarios negativos están insatisfechas con su propia vida y usan el anonimato para desahogarse.

Si quieres tener éxito en YouTube, es importante que te mantengas fuerte y enfocado. Dedica tu energía a crear contenido de calidad e interactuar con los espectadores que valoran y respetan tu trabajo. No te preocupes demasiado por los comentarios negativos; al menos, estos trolls han visto tu video, lo que significa que has ganado dinero de AdSense.

Los 25 canales de YouTube con mayor número de suscriptores

25. Colors TV
24. Justin Bieber
23. HYBE LABELS
22. Sports
21. BANGTANTV
20. Zee TV
19. Baby Shark - Pinkfong Kids Songs' & Stories
18. 5-Minute Crafts
17. Sony SAB
16. ChuChu TV Nursery Rhymes & Kids Songs
15. BLACKPINK
14. Gaming
13. Goldmines
12. WWE
11. Zee Music Company
10. PewDiePie
9. Like Nastya
8. Vlad and Niki
7. Music
6. Kids Diana Show
5. SET India
4. CocoMelon
3. YouTube Movies
2. MrBeast
1. T-Series

10. YouTuber por un día

Ser YouTuber, aunque solo sea como hobby, es mucho más que hacer videos. En este capítulo, te contaré cómo puede ser el día a día de un YouTuber, grabando, editando, subiendo y compartiendo videos de YouTube.

Supongamos que soy un creadora de YouTube y tengo un negocio online de venta de libros en Amazon. Publico un nuevo video en mi canal una o dos veces por semana, dependiendo de si tengo algo nuevo o interesante de qué hablar. En mi canal, hago videos sobre los libros que escribo, sobre reseñas de libros que he comprado y comparto algunos consejos y sugerencias sobre cómo convertirse en escritor. Prefiero grabar mis videos con antelación porque me ayuda a distribuirlos y suelo subirlos los domingos. De este modo, tengo toda la semana para grabar un video.

En este ejemplo, voy a hacer un video sentada para hablar de los nuevos libros que he escrito y publicado. Así que coloco el trípode cerca de mi escritorio y enfoco la cámara para conseguir el mejor ángulo posible. Tengo una estantería de libros bien ordenada como fondo y estoy cerca de una gran ventana por la que entra luz natural.

Antes de empezar a grabar, reúno todo lo que necesito para el video, como los libros de los que voy a hablar. También llevo toallitas húmedas para limpiar cualquier suciedad, bálsamo labial para que no se me resequen los labios y una botella de agua para mantenerme hidratada. Una vez que tengo todo preparado y la cámara está en el lugar adecuado, empiezo a grabar.

Cuando termino de grabar, ordeno y vuelvo a poner todo en su sitio; lo hago enseguida para mantenerme organizada. A continuación, transfiero los archivos de video de la cámara a mi equipo, laptop u ordenador, y abro Premiere Pro. Este programa me permite editar mis videos. Importo a Premiere Pro los archivos de video que quiero editar. Miro el video de principio a fin y decido si tengo que recortar algo. Si hay partes que no quiero que aparezcan en el video, las recorto. Si hay algún título, texto, efectos de sonido o imágenes que me gustaría añadir, los añado. Cuando estoy contenta con el resultado, guardo el video editado haciendo clic en **Exportar** en Premiere Pro y lo guardo en la carpeta de videos de YouTube de mi ordenador.

Una vez editado y guardado el video, me dirijo a YouTube. Hago clic en el signo + a la izquierda del ícono de la foto de perfil, y hago clic en **Subir video**. Hago clic en **SELECCIONAR ARCHIVOS** y elijo el video que acabo de editar en Premiere Pro. El video se subirá ahora al YouTube Studio de mi canal. El tiempo que tarda la subida depende de la duración del video y de la velocidad de tu conexión a Internet o Wi-Fi.

Una vez subido el video, le doy un título atractivo y lleno de palabras clave, compruebo que la descripción esté completa con toda la información que quiero que tenga y con todos mis enlaces, selecciono la **Lista de reproducción** para este tipo de video (las listas de reproducción son como subcategorías para tus videos) y selecciono **No, no está hecho para niños**. Luego me aseguro de que la configuración de privacidad está en **Privado** y guardo el video. A continuación, me redirige a la página **Contenido** de mi canal, donde aparecen todos mis videos.

El video que acabo de subir es el primero de la parte superior de la página. Cuando paso el ratón por encima del video, aparecen algunos íconos. Hago clic en el ícono del lápiz, llamado **Detalles** para acceder a la página Detalles del video. Finalizo la descripción del video si es necesario y añado un aviso legal en la parte inferior como el siguiente "Aclaración: Este no es un video patrocinado. Si me enviaron algunos productos para su revisión, se indicará. Los enlaces pueden contener afiliados/referidos".

La aclaración es importante debido a las normas de la FTC (la Comisión Federal de Comercio exige que se revelen las conexiones materiales entre avalistas y anunciantes para mantener la transparencia y proteger a los consumidores). En la parte inferior de la página, hay una sección titulada **Promoción pagada** en la que marcas una casilla si te pagaron por tu video. Si mi video subido fue patrocinado, tendría que haberlo dicho en el video y mencionarlo en la descripción.

Por último, me desplazo un poco más hacia abajo y añado algunas **Etiquetas**. En este campo, puedes añadir más palabras que funcionen como hashtags para ayudar a los nuevos espectadores a encontrar tu video cuando hagan una búsqueda en YouTube. Puedes añadir pocas o tantas como quieras. Yo suelo añadir algunas como "Libro", "Negocio de libros", "Autor", "Escritor" y "Reseña de libros". Después, hago clic en **GUARDAR** para confirmar todas mis ediciones.

A continuación, monetizo mi video haciendo clic en el ícono **Monetización** (el símbolo $). Al hacer clic en él, accedo a la **Página de monetización** del video. En la parte superior, hay un cuadro de **Monetización** en el que elijo **Activado** en el menú desplegable. Esto me permite acceder a las opciones de la sección **Tipo de anuncios**. Marco todas las casillas disponibles: **Anuncios superpuestos**, **Tarjetas patrocinadas**, **Anuncios de video omitibles** y **Anuncios de video no omitibles**. YouTube selecciona automáticamente la opción **Anuncios en pantalla**.

En la parte inferior de esta página está la sección **Ubicación de los anuncios** en video. Si mi video dura más de diez minutos, puedo elegir las tres opciones: **Antes del video (pre-roll)**, **Durante el video (mid-roll)** y **Después del video (post-roll)**.

En la opción **Durante el video (mid-roll)**, hago clic en **ADMINISTRAR MID-ROLLS**, que abre una ventana emergente titulada **$ AD BREAKS**. Aquí puedo elegir dónde estarán los anuncios que aparecen en el medio de mis videos. Estos anuncios son los que más dinero aportan, por lo que es importante colocarlos en los lugares adecuados. Demasiados anuncios pueden alejar a los espectadores, pero muy pocos anuncios me harán ganar menos dinero de AdSense. Normalmente me gusta poner anuncios alrededor de la marca de seis a ocho minutos en mis videos.

En la página **$ Ad breaks**, hago clic en + **AD BREAK** para añadir tantos anuncios como quiera. Digamos que mi video dura veinte minutos. Podría añadir dos pausas publicitarias. Luego, voy a la parte **COLOCAR AUTOMÁTICAMENTE** e introduzco los tiempos de seis y doce minutos, o alrededor de esos números. También podría colocar manualmente los anuncios utilizando la plantilla de desplazamiento de la parte inferior de la página, pero me resulta más fácil teclear simplemente los tiempos exactos. Cuando he terminado, hago clic en el botón **CONTINUAR** para volver a la página **Monetización de videos**.

Una vez que he terminado con el título, la descripción, las etiquetas y la monetización de mi video, vuelvo a la página principal, **Detalles del video** (el ícono del lápiz titulado **Detalles**). Hasta ahora, había estado utilizando los elementos de la parte izquierda de la página para cambiar la información de mi video. Ahora, me centraré en el lado derecho de la página y en las opciones que hay allí.

Me gusta programar mis videos y puedo hacerlo en la sección **Visibilidad**. Cuando subí mi video por primera vez, lo puse en **Privado**. Ahora puedo cambiarlo de **Privado** a **Sin clasificar**, **Sólo miembros**, **Público** (configurado como **Estreno instantáneo**) o **Programar**. Elijo la opción **Programar**, que me permite elegir una hora y una fecha para la publicación de mi video. Por ejemplo, podría fijarlo para las 17:00, hora central, del domingo. Esto significa que el video permanecerá privado hasta que YouTube lo haga público a esa hora.

En lugar de programar mi video, podría elegir la opción **Establecer como estreno**. Esto muestra a mis suscriptores una cuenta regresiva en directo antes de que el video se publique. Con la función **Estreno**, los espectadores pueden chatear en directo entre ellos mientras se reproduce el video. A algunos creadores les gusta establecer sus videos como **Estreno** para estar en el chat en directo y hablar con sus espectadores una vez que el video sale a la luz.

Los Estrenos son una forma genial de conectar directamente con tus espectadores y hacer que se entusiasmen con tu video. Hablar con ellos durante el Estreno puede hacer que se sientan más implicados y animarles a convertirse en fieles suscriptores. Así que, sin duda, es algo que merece la pena probar de vez en cuando.

Después de programar mi video, hago clic en **HECHO**, con lo que se cierra la ventana emergente. Ten en cuenta que no necesitas programar tu video para que se publique en una fecha y hora determinadas; puedes simplemente publicarlo justo después de añadir el título, la descripción y monetizarlo. Pero el algoritmo de YouTube parece preferir los canales en los que los videos se publican en días y horas determinados. Si te gusta grabar tus videos con antelación, programarlos puede ayudarte a mantenerte organizado. Muchos YouTubers graban un montón de videos en un día y luego los programan para que se publiquen en los días o semanas siguientes.

En la sección de **Pantallas Finales**, puedes agregar **Elementos** interactivos al final de tu video. Estos elementos permiten a los espectadores hacer clic y acceder a otros contenidos. Puedes añadir enlaces a:

- **Video**: Tienes tres opciones: **Subida más reciente**, **Mejor para el espectador** o **Elegir video específico**. Te recomiendo **Mejor para el espectador**, pero puedes elegir la que mejor se adapte a tu contenido. Si has mencionado otro video en tu nuevo contenido, puedes enlazar ese.
- **Lista de reproducción**: Si tienes una lista de reproducción relacionada con el tipo de video que acabas de subir, añádela para mantener a los espectadores viendo contenido similar.
- **Suscribirse**: Facilita que la gente se suscriba a tu canal.
- **Canal**: Puedes enlazar a otro canal, ya sea tuyo o de otra persona.
- **Enlace**: Permite añadir un enlace externo en el que los espectadores puedan hacer clic.

- **Mercancía**: Dirige a los espectadores a artículos que hayas creado a través de TeeSpring (disponible solo para canales con 10.000 suscriptores o más).

Te sugiero usar las opciones de **Video** y **Suscribirse** para atraer a más espectadores a tus videos y aumentar tus suscriptores. Evita sobrecargar la pantalla final con demasiados elementos, ya que puede resultar confuso y menos efectivo.

El último elemento que puedes agregar se les llama **Tarjetas**. Las tarjetas son pequeñas ventanas emergentes que proporcionan información adicional. Hay cuatro tipos de tarjetas: de **Video**, de **Lista de reproducción**, de **Canal** y de **Enlace**.

- **Tarjetas de video**: Enlaza a otro video público de YouTube.
- **Tarjetas de lista de reproducción**: Enlaza a otra lista de reproducción pública.
- **Tarjetas de canal**: Enlaza a otro canal, ideal para colaboraciones.
- **Tarjetas de enlace**: Permite enlazar a **Sitios web asociados**, **Crowdfunding** o **Mercancía**.

En este ejemplo, no uso **Tarjetas** porque las **Pantallas finales** ya cumplen la misma función. Sin embargo, puedes experimentar con ellas en futuros videos.

Para hacer una miniatura, puedes utilizar herramientas gratuitas como Canva. Las miniaturas de YouTube deben tener un tamaño de 1280x720 píxeles, en formato JPG, GIF o PNG, y no deben superar los 2 MB. Personalmente, encuentro que Canva es muy fácil de usar y ofrece plantillas con las dimensiones exactas.

Pasos para crear una miniatura efectiva:

1. Elegir una imagen: Puede ser una foto o un gráfico relacionado con tu video.
2. Añadir un título breve y pegadizo: Usa una fuente clara y en negrita y colores llamativos.

3. Mantenerla sencilla pero audaz: Recuerda que la miniatura aparecerá pequeña en YouTube, así que debe ser legible y atraer la atención de los espectadores.

Una vez que tu miniatura esté lista, añádela en la sección **Miniatura** de la página **Detalles del video**.

Después de completar el título, descripción, etiquetas, monetización, programación, lista de reproducción y pantalla final, tu video estará listo para ser publicado en la fecha y hora que elijas.

Si decides hacer vlogs, el proceso de edición y subida es prácticamente el mismo. La principal diferencia es la grabación. En los vlogs, te mueves y grabas lo que ocurre a tu alrededor. Asegúrate de sostener la cámara horizontalmente para evitar barras negras en los lados de tu video. La edición y subida siguen siendo iguales.

Una vez que tu video esté publicado en YouTube, compártelo en todas tus cuentas de redes sociales usando los botones **Compartir** debajo del video para publicarlo en Facebook, X y Pinterest. También puedes compartirlo en Instagram como una publicación y una historia. Si tienes TikTok, puedes crear una versión corta del video, pero ten en cuenta que es menos común que los seguidores de TikTok se trasladen a YouTube.

Así es como un YouTuber filma, edita, sube y comparte un video. Puede parecer mucho al principio, pero con la práctica, te acostumbrarás rápidamente.

11. Maximizar el impacto con el mínimo esfuerzo

LA REGLA DEL 80/20 PARA TRIUNFAR EN YOUTUBE

La regla 80/20, también conocida como el Principio de Pareto, sugiere que el 80% de tus resultados provienen del 20% de tus esfuerzos. Para los creadores de YouTube, esto significa centrarse en los aspectos de la creación de contenido que mejoran significativamente el rendimiento del canal con un esfuerzo relativamente mínimo. Las áreas clave de enfoque incluyen la generación de ideas de video únicas, la creación de miniaturas altamente atractivas y asegurarse de que el contenido sea verdaderamente interesante.

1. Centrarse en conceptos de video únicos

La razón de un canal de YouTube exitoso reside en su capacidad para presentar contenido único. Esto no significa simplemente ser diferente, sino agregar valor ofreciendo nuevas perspectivas o presentaciones novedosas sobre temas comunes. Esta singularidad no solo capta el interés de los espectadores, sino que también favorece al algoritmo de YouTube, lo que puede aumentar la visibilidad del video.

2. Crear miniaturas muy atractivas

Las miniaturas son la puerta de entrada a tus videos. Deben ser visualmente atractivas y estar directamente relacionadas con el contenido, proporcionando una imagen clara e interesante de lo que los espectadores pueden esperar. Una buena miniatura capta la atención y promete un contenido valioso, aumentando así la probabilidad de que los usuarios hagan clic. Ejemplos de miniaturas eficaces incluyen:

- Primeros planos de expresiones emocionales para historias personales o revelaciones dramáticas.
- Colores brillantes que contrasten para contenido optimista y enérgico.
- Detalles intrínsecos o avances para tutoriales y videos explicativos.

3. Crear contenido interesante

El compromiso del espectador con tu canal impulsa las métricas de YouTube. Los índices de retención elevados indican al algoritmo que tu contenido merece la pena promocionarse, lo que conduce a una mayor exposición. Empieza cada video con un gancho convincente que prometa al espectador recompensas por verlo hasta el final. Mantén un ritmo dinámico y fomenta la interacción del espectador mediante comentarios y debates.

4. Aprovechar los ejemplos de contenido

Examinar las estrategias de los mejores YouTubers puede proporcionar información valiosa. Por ejemplo:

MrBeast utiliza a menudo títulos cargados de emoción como "Pasé 50 horas enterrado vivo", que despiertan instantáneamente la curiosidad y prometen una aventura insólita.

Ryan Trahan realiza con frecuencia experimentos y retos sociales, como "Sobreviví 50 horas en Apple Vision Pro", combinando temas de tendencia con formatos de retos extremos para captar y retener el interés de los espectadores.

5. Revisión y adaptación periódicas

Supervisa constantemente el rendimiento de tus videos a través de las analíticas de YouTube para comprender qué resuena entre tu audiencia. Presta atención a métricas como el tiempo de visualización y los índices de participación, y prepárate para adaptar tu estrategia de contenido en función de estos datos. Esto podría significar modificar tu enfoque en los temas de los videos, el estilo de presentación o incluso la frecuencia de las subidas.

Aplicar eficazmente la regla del 80/20 en YouTube implica centrarse en crear contenido único, diseñar miniaturas atractivas y garantizar videos de calidad. Si priorizas estas áreas clave, podrás obtener mejores resultados sin dispersar demasiado tus esfuerzos. Recuerda, el éxito en YouTube no se trata sólo de trabajar duro, sino de trabajar de manera inteligente.

12. Conclusión

Cualquier persona puede crear un canal de YouTube con solo tener una cámara o un smartphone y un ordenador. Sin embargo, ganar dinero en YouTube requiere de trabajo duro y mucha perseverancia. Aunque algunas personas se han hecho muy ricas haciendo videos, para la mayoría es una forma de ganar dinero extra, similar a tener un trabajo de medio tiempo. Los ingresos que generes dependerán del tiempo y el esfuerzo que dediques a crear videos de calidad que atraigan a los espectadores.

Puede ser intimidante exponerse ante miles, si no millones, de personas. Sin embargo, si disfrutas haciendo videos y quieres crecer como persona, puedes trabajar para tener un canal exitoso que también te genere ingresos. YouTube puede ser estresante: lidiar con comentarios negativos, rehacer videos y enfrentar dificultades técnicas puede ser difícil. Pero recuerda que tu canal de YouTube te pertenece. Puedes subir tantos videos como desees o tomarte descansos cuando lo necesites. No hay problema en tomarte un descanso si te sientes abrumado.

Cuando empieces tu canal de YouTube, ¡hazlo por diversión! Céntrate en disfrutar. No tienes que preocuparte de inmediato por todo lo relacionado con las redes sociales, el trabajo detrás de cámaras o el dinero. No es necesario ser perfecto en tus primeros videos. Cometer errores, como no mirar a la cámara o tropezar con las palabras, es algo que le ocurre a todos y forma parte del aprendizaje y crecimiento en YouTube.

La práctica realmente hace al maestro en YouTube. Cuantos más videos hagas, más fácil te resultará. Te sentirás más cómodo y encontrarás tu propio estilo. ¿Y adivina qué? Mientras pongas todo tu empeño en crear contenido interesante y atractivo de manera regular, habrá personas que encontrarán y verán los videos que hagas.

Habrá momentos en los que tendrás ganas de rendirte, pero te animo a que sigas adelante. Puede ser duro al principio, sobre todo antes de empezar a ganar dinero. Sin embargo, una vez que alcances los 1.000 suscriptores y las 4.000 horas de visualización pública, podrás comenzar a monetizar tus videos. No hay nada mejor que cobrar por hacer algo que te apasiona.

Puede que te preguntes, ¿por qué molestarse en hacer videos de YouTube si requiere tanto esfuerzo? Sí, es mucho trabajo y a menudo te parecerá una montaña rusa. Tendrás altibajos: los comentarios negativos te desanimarán, envidiarás otros canales exitosos y habrá momentos en los que querrás borrar todos tus videos y olvidarte de todo lo relacionado con tu canal. Pero, a pesar de todo, tendrás una comunidad de creadores de YouTube como tú, personas que considerarás amigos y que siempre te apoyarán.

Al fin y al cabo, YouTube es muy divertido. Puedes grabar y hacer videos sobre lo que te guste, las marcas pueden enviarte productos gratis, puedes capturar momentos especiales de tu vida, vivir grandes experiencias, e incluso ganar dinero con ello. Ya sea con anuncios de AdSense en tus videos o vendiendo tus propios productos, YouTube puede ayudarte a tener éxito en tus negocios.

Si aspiras a convertirte en un influencer y creador de contenido en YouTube, la plataforma se convertirá en una gran parte de tu vida. Incluso cuando no estés haciendo un video, puedes echar un vistazo a tu canal y charlar con la gente que deja comentarios. Poco a poco, construirás una comunidad en YouTube que te apoyará de muchas maneras.

Así que, si aún no has creado tu propio canal de YouTube, espero que este texto te haya animado a intentarlo. Y si ya lo estás haciendo pero te resulta difícil, recuerda que mucha gente ha pasado por lo mismo. YouTube es como tener un trabajo: a veces es divertido y a veces es arduo. Pero con YouTube, tú mandas. Tú pones las reglas y decides cuándo trabajar. Mantente fiel a ti mismo y crea grandes videos sobre lo que te apasiona. Con el tiempo, conseguirás más visualizaciones, más suscriptores e incluso ganarás dinero. Pero lo más importante es que te sentirás orgulloso de haber creado algo único y auténtico.

¡Gracias!

Estimado lector,

Al llegar al capítulo final de *Cómo iniciar un canal de YouTube en 2024*, me invade un profundo sentimiento de gratitud y reflexión. Este proyecto ha sido una labor de amor, impulsado por la dedicación a empoderar a aspirantes a creadores de contenido como tú. Con cada página leída y cada concepto explorado, mi objetivo ha sido equiparte con las herramientas y los conocimientos  necesarios para prosperar en el dinámico mundo de YouTube.

Esta guía es más que una simple recopilación de consejos y estrategias; es un testimonio del poder de compartir conocimientos y de fomentar la creatividad en la era digital. Fue concebida con la intención de tender un puente entre la aspiración y el logro, e inspirada en las innumerables historias de personas que buscan dejar su huella en la plataforma.

Tu voz eleva nuestro viaje

Tu compromiso y tus comentarios son fundamentales para mí. Cada reseña, comentario y experiencia compartida no sólo refuerzan el impacto de este libro, sino que también sirven de guía a otros que inician su camino en YouTube. Tu opinión no solo valida el esfuerzo invertido en esta obra, sino que también enriquece la comprensión colectiva de lo que significa tener éxito en YouTube.

Saber de ti es un regalo

Espero con entusiasmo tu opinión y comentarios, consciente de que tienen el poder de dar forma al futuro de esta guía e inspirar a innumerables personas. Ya sea que este libro te haya servido como mapa de ruta para tus esfuerzos creativos, como fuente de inspiración en tu búsqueda de la excelencia digital, o como catalizador de nuevas ideas, tu voz es importante, ya que contribuye al diálogo continuo dentro de nuestra comunidad y nos impulsa hacia logros aún mayores.

Si esta guía ha tocado tu vida, desafiado tu perspectiva o despertado tu imaginación, te invito cordialmente a compartir tu experiencia en la plataforma donde la hayas adquirido.

Con mi más profunda gratitud y esperando con entusiasmo tus reflexiones,

- Emma Payne

www.ingramcontent.com/pod-product-compliance
Lightning Source LLC
Chambersburg PA
CBHW071251050326
40690CB00011B/2349

* 9 7 8 1 9 2 3 1 6 8 8 3 1 *